MAGIA ORDINII

MAGIA **ORDINII**

SENZAȚIONALA METODĂ JAPONEZĂ
DE A-ȚI ELIBERA ȘI ORGANIZA CASA

Traducere din engleză de
Ștefania Mihalache

MARIE KONDO

Editori:
SILVIU DRAGOMIR
VASILE DEM. ZAMFIRESCU
MAGDALENA MĂRCULESCU

Director:
CRINA DRĂGHICI

Redactor:
AURELIA NĂSTASE

Design:
ALEXE POPESCU

Director producție:
CRISTIAN CLAUDIU COBAN

Dtp:
GABRIELA CHIRCEA

Corectură:
LORINA CHIȚAN
MIHAIL NACU

Descrierea CIP a Bibliotecii Naționale a României
KONDO, MARIE
    Magia ordinii – Senzaționala metodă japoneză de a-ți elibera și organiza casa / Marie Kondo; trad.: Ștefania Mihalache. - București: Lifestyle, 2015
    ISBN 978-606-8566-36-8

I. Mihalache, Ștefania (trad.)

159.9

Titlul original: The Life Changing Magic of Tidying
Autor: Marie Kondo

Copyright © Marie Kondo 2011

Copyright © Lifestyle Publishing, 2015
pentru prezenta ediție

Lifestyle Publishing face parte din Grupul Editorial Trei

O.P. 16, Ghișeul 1, C.P. 0490, București
Tel.: +4 021 300 60 90; Fax: +4 0372 25 20 20
e-mail: comenzi@edituratrei.ro
www.lifestylepublishing.ro

ISBN 978-606-8566-36-8

Cuprins

Prefață 9

Capitolul I. De ce nu pot să-mi țin casa în ordine? 15
    Nu poți să faci ordine dacă n-ai învățat niciodată cum să procedezi 15
    Fă ordine o dată și bine 17
    Fă ordine câte puțin în fiecare zi și o s-o faci veșnic ... 19
    Aspiră la perfecțiune 21
    În momentul în care începi, îți reconfigurezi viața 23
    Experții în depozitare sunt colecționari 25
    Sortează în funcție de categorie, nu de loc 27
    Nu schimba metoda ca să se potrivească personalității tale 28
    Transformă dereticatul într-un eveniment special 30

Capitolul al II-lea. Întâi, aruncă! 34
    Începe prin a arunca totul dintr-odată 34
    Înainte să începi, vizualizează-ți destinația 35
    Cum să alegi. Îmi inspiră oare bucurie? 38
    O categorie pe rând 41
    Începe corect 43
    Nu arăta familiei 45
    Dacă ești furios din cauza familiei, camera ta ar putea fi de vină 47
    Ceea ce nu-ți trebuie ție nu-i trebuie nici familiei tale 50

A face ordine este un dialog cu sine 53
Ce să faci când nu poți să arunci ceva........................55

Capitolul al III-lea. Cum să faci ordine pe categorii.....58
Succesiunea în care trebuie să faci ordine.
Urmează categoriile în ordinea corectă......................58
Îmbrăcămintea. Aşază pe podea fiecare
piesă de îmbrăcăminte din casă 60
Hainele de casă. Retrogradarea la haine de casă
este „tabu"..62
Depozitarea hainelor. Împătureşte-le corect şi rezolvă
problemele de depozitare..64
Cum să împătureşti. Cel mai bun mod de a împături
pentru un aspect perfect 67
Aranjarea hainelor. Secretul „energizării"
garderobei tale 69
Depozitarea şosetelor. Tratează-ți şosetele şi
dresurile cu respect...72
Hainele sezoniere. Nu e nevoie să depozitezi
hainele de extrasezon 74
Depozitarea cărților. Pune-ți toate cărțile
pe podea..77
Cărțile necitite. „Cândva" înseamnă „niciodată" 79
Cărțile de păstrat. Cele care aparțin galeriei de
celebrități..82
Sortarea hârtiilor. Metoda empirică. Aruncă tot! 84
Totul despre hârtii. Cum organizăm hârtiile
care ne pun probleme 87
Komono (obiecte diverse) I. Păstrează obiectele
pentru că-ți plac, nu „pur şi simplu" 92
Mărunțişul. „În portofelul meu" să-ți fie motto..........94

Komono (obiecte diverse) II. Lucruri de care
te poți dispensa — lucruri pe care le-ai păstrat
„pur și simplu"..95
Obiectele cu valoare sentimentală. Casa părinților
nu este raiul suvenirelor tale...100
Fotografiile. Prețuiește persoana care ești acum......103
Stocurile uimitoare pe care le-am văzut....................106
Redu până când ceva face clic.....................................108
Ascultă-ți intuiția și totul va fi bine............................110

**Capitolul al IV-lea. Cum să-ți depozitezi lucrurile astfel
încât să ai o viață captivantă**..112
Stabilește un loc pentru fiecare lucru........................112
Întâi aruncă, depozitează mai târziu..........................115
Depozitarea. Urmărește simplitatea absolută..........117
Nu împrăștia spațiile de depozitare............................119
Uită de „planul de trafic" și de
„frecvența de folosire"...121
Niciodată nu face teancuri, depozitarea verticală
este soluția..124
Nu e nevoie de recipiente speciale de depozitare....126
Cea mai bună modalitate de a depozita genți
este în alte genți..130
Golește-ți geanta zilnic..132
Locul obiectelor de pe podea este în dulap..............134
Păstrează curate cada de baie și
chiuveta din bucătărie...135
Decorează-ți dulapul cu lucrurile preferate.............138
Despachetează hainele noi și scoate-le
etichetele imediat...138
Nu subestima „zgomotul" informației scrise............141
Apreciază-ți lucrurile..143

Capitolul al V-lea. Magia ordinii îți transformă viața în mod spectaculos 146
    Pune-ți casa în ordine și descoperă ce vrei să faci 146
    Magia ordinii ne transformă viața
    în mod spectaculos 149
    Cum să obții încredere în viață prin
    magia ordinii 151
    Atașamentul față de trecut sau anxietatea
    față de viitor 152
    Învață că poți să te descurci 155
    Îți saluți casa? 158
    Lucrurile tale vor să te ajute 161
    Spațiul în care locuiești îți afectează corpul 163
    A face ordine aduce noroc 165
    Cum să identifici ce este cu adevărat prețios 166
    Să fii înconjurat de lucruri care produc
    bucurie te face fericit 169
    Viața adevărată începe după ce ți-ai pus în
    ordine casa 171

Postfață 173

Prefață

Ți s-a întâmplat vreodată să faci ordine nebunește, ca să constați că în scurt timp casa sau spațiul de lucru sunt din nou în neorânduială? În această carte am sintetizat modalitățile de a-ți pune spațiul în ordine într-un fel care-ți va schimba viața pentru totdeauna. Imposibil? Iată un răspuns frecvent și deloc surprinzător având în vedere că aproape toată lumea a trecut măcar o dată, dacă nu de mai multe ori, prin experiența „efectului de recădere" după ce-a făcut ordine în casă.

Metoda KonMari este un mod simplu, inteligent și eficient de a alunga dezordinea definitiv. Începe prin a arunca. Apoi organizează-ți spațiul minuțios, complet, de la un cap la altul. Dacă adopți această strategie, nu vei mai avea niciodată dezordine. Deși această abordare contrazice experiența comună, toți cei care au urmat metoda KonMari au reușit să mențină ordinea în casă cu rezultate deosebite. Ordinea acasă afectează pozitiv și celelalte aspecte ale vieții oamenilor, inclusiv munca și familia. Pentru că mi-am dedicat optzeci la sută din viață acestui subiect, știu că a face ordine îți poate schimba și ție viața.

Tot sună prea frumos ca să fie adevărat? Dacă ideea ta despre această acțiune este să scapi de un lucru inutil în fiecare zi sau să-ți faci curățenie în cameră puțin câte puțin, atunci ai dreptate. Nu-ți va transforma viața prea mult. Totuși, dacă-ți schimbi abordarea, dereticatul poate avea un impact nemăsurat asupra ta. De fapt, asta înseamnă să-ți pui casa în ordine.

Am început să citesc reviste pentru gospodine de la vârsta de 5 ani şi acest lucru m-a inspirat ca, de la 15, să studiez în mod serios cum se înlătură dezordinea şi cum se face ordine, ceea ce a dus la descoperirea metodei KonMari (KonMari este o prescurtare de la numele şi prenumele meu). Acum sunt consultant şi-mi petrec timpul vizitând case şi birouri, dându-le sfaturi concrete oamenilor cărora le e greu să facă ordine, celor care fac ordine, dar ajung din nou la dezordine sau celor care vor să rânduiască lucrurile, însă nu ştiu de unde să înceapă.

Numărul de obiecte pe care clienţii mei le-au aruncat, de la haine şi lenjerie intimă până la creioane, decupaje din reviste, mostre de cosmetice, trece de un milion. Nu exagerez. Am asistat clienţi care au aruncat 200 de saci de 45 l odată.

Din explorările mele în arta organizării şi din vasta mea experienţă ajutând oameni dezorganizaţi să devină ordonaţi, pot să afirm cu certitudine un lucru: o reorganizare de impact a casei antrenează şi schimbări corespunzătoare ale stilului de viaţă şi ale perspectivei. Este ceva care schimbă viaţa. Vorbesc serios. Iată mărturii pe care le primesc zilnic de la foşti clienţi:

> *După cursul dumneavoastră mi-am părăsit slujba şi mi-am lansat propria afacere, făcând ceva ce mi-am dorit încă din copilărie.*
>
> *Cursul dumneavoastră m-a făcut să văd de ce am cu adevărat nevoie şi de ce nu. Aşa că am divorţat. Acum mă simt mult mai bine.*
>
> *Cineva cu care voiam de mult să iau legătura m-a contactat recent.*
>
> *Vă anunţ cu încântare că, de când mi-am curăţat apartamentul, mi-au crescut vânzările.*

Soțul meu și cu mine ne înțelegem mult mai bine.
Nu-mi vine să cred că, doar aruncând lucruri, m-am schimbat atât.
În sfârșit am reușit să slăbesc trei kilograme.

Clienții mei par întotdeauna foarte fericiți, iar rezultatele arată că ordinea făcută le-a schimbat modul de a gândi și perspectiva asupra vieții. De fapt, le-a schimbat viitorul.

De ce? Această întrebare este abordată în detaliu pe parcursul cărții, dar, în principiu, când îți pui casa în ordine, îți pui și afacerile, și trecutul în ordine. Drept rezultat, vezi clar de ce ai nevoie în viață și de ce nu, ce ar trebui și ce n-ar trebui să faci.

În prezent, ofer un curs pentru clienți acasă la ei și pentru proprietari de companii la birourile lor. Acestea sunt lecții particulare, unu-la-unu, dar trebuie și să refuz clienți. Am în general o listă de așteptare de trei luni pentru clienți, și primesc zilnic solicitări de la oameni recomandați de foști clienți sau de la unii care au auzit despre curs de la altcineva. Călătoresc de la un capăt al Japoniei la altul și uneori în străinătate. Biletele la una dintre conferințele mele pentru gospodine și mame s-au vândut peste noapte. Există o listă de așteptare nu numai în caz de anulare, ci și pentru a intra pe lista de așteptare. Totuși, rata mea de solicitări repetate este zero. Din perspectiva afacerii, acesta ar fi un defect fatal. Dar dacă lipsa repetării solicitărilor ar fi tocmai secretul popularității abordării mele?

Așa cum am spus la început, oamenii care folosesc metoda KonMari nu reajung niciodată la dezordine. Pentru că pot să-și mențină spațiul în ordine, nu au nevoie de lecții suplimentare. Din când în când, verific cum se descurcă absolvenții cursurilor mele. În aproape toate cazurile, nu numai că au casa și biroul încă în ordine, dar continuă să aducă îmbunătățiri spațiului lor. Este limpede din fotografiile pe care mi le trimit că au chiar mai puține lucruri decât atunci când au terminat cursul și și-au cumpărat perdele și mobilă nouă. Sunt înconjurați numai de lucrurile care le plac.

De ce transformă acest curs oamenii? Pentru că abordarea mea nu este numai o tehnică. Actul de a face ordine cuprinde o serie de acțiuni simple în care obiectele sunt mutate dintr-un loc într-altul. Înseamnă a pune lucrurile acolo unde le este locul. Pare atât de simplu, că până și un copil de șase ani ar putea s-o facă. Totuși, cei mai mulți oameni nu reușesc. La puțin timp după ce fac ordine, în spațiul lor e mare harababură. Cauza nu este lipsa priceperii, ci, mai degrabă, lipsa vigilenței și incapacitatea de a face ordine în mod eficient. Cu alte cuvinte, rădăcina problemei se află în minte. Succesul rezultă, în proporție de 90%, din starea de spirit. Excluzându-i pe cei câțiva fericiți pentru care organizarea este ceva natural, dacă nu ne ocupăm de acest aspect, pericolul este reajungerea la neorânduială indiferent cât se aruncă și cât de inteligent sunt aranjate lucrurile. Deci, cum poți obține dispoziția necesară? Există un singur mod și, paradoxal, acesta e însușirea tehnicii necesare. Rețineți: Metoda KonMari pe care o descriu în această carte nu este doar un simplu set de reguli despre cum să sortezi, cum să organizezi și cum să scapi de lucruri. Este un ghid pentru obținerea stării de spirit necesare ca să faci ordine și să devii o persoană ordonată.

Bineînțeles, n-aș putea susține că toți cursanții mei au atins perfecțiunea în arta ordinii. Din nefericire, câțiva au fost obligați să întrerupă cursul dintr-un motiv sau altul, iar alți câțiva au renunțat pentru că se așteptau ca eu să fac treaba în locul lor. Ca fanatic și profesionist al organizării, vă spun că, indiferent cât de mult aş încerca, indiferent cât de bun ar fi sistemul de depozitare pe care l-aş proiecta, nu pot să pun casa altcuiva în ordine în adevăratul sens al cuvântului. De ce? Pentru că înţelegerea şi perspectiva pe care un om le are asupra propriului stil de viaţă sunt mult mai importante decât orice capacitate de sortare, de depozitare sau altceva de acest gen. Ordinea depinde de valorile extrem de personale conform cărora persoana doreşte să trăiască.

Cei mai mulţi oameni ar prefera să trăiască într-un spaţiu curat şi ordonat. Oricine a reuşit să facă ordine măcar o dată ar prefera s-o păstreze. Dar mulţi nu cred că acest lucru este posibil. Şi încearcă diverse modalităţi de a face ordine numai ca să descopere că, în curând, totul revine la „normal". Totuşi, sunt absolut convinsă că fiecare poate să-şi menţină spaţiul în ordine. Pentru a realiza asta, e necesar să-ţi reevaluezi amănunţit obiceiurile şi prejudecăţile legate de ordine. Asta ar putea suna exagerat, dar nu-ţi face griji. Când vei termina de citit această carte, vei fi pregătit şi dornic. Oamenii îmi spun adesea: „Sunt dezordonat de la natură". Sau: „N-am timp". Dar a fi dezordonat nu este o chestiune genetică şi nici nu ţine de lipsa de timp. Mai degrabă, se datorează acumulării de idei greşite despre a face ordine, cum ar fi „e mai bine să fac câte o cameră pe rând", sau „e mai bine să faci câte puţin în fiecare zi", sau „depozitarea ar trebui să urmeze de la sine".

În Japonia, oamenii cred că a-ţi face curat în cameră şi a-ţi păstra toaleta lună aduc noroc, dar, dacă ai casa în dezordine, degeaba freci vasul de toaletă. Acelaşi lucru este adevărat şi despre practica *fengshui*. Numai după ce-ţi pui casa în ordine, mobila şi decoraţiunile ies în evidenţă. După ce-ţi vei fi pus casa în ordine, viaţa ţi se va schimba semnificativ. Odată ce vei fi aflat ce înseamnă să ai o casă cu adevărat ordonată vei simți că toată lumea ți s-a înseninat. Niciodată nu te vei mai întoarce la dezordine. Asta numesc eu magia de a face ordine. Iar efectele sunt uluitoare. Nu numai că nu vei mai fi niciodată dezordonat, ci vei avea și un nou start în viață. Aceasta este magia pe care vreau s-o împărtășesc cât mai multor oameni.

Capitolul I

De ce nu pot să-mi țin casa în ordine?

Nu poți să faci ordine dacă n-ai învățat niciodată cum să procedezi

Când le spun oamenilor că slujba mea e să-i învăț pe alții cum să facă ordine sunt întâmpinată de obicei de priviri uimite: „Chiar poți să faci bani din asta?", este prima lor întrebare. Iar aceasta este aproape întotdeauna urmată de: „Oamenii chiar au nevoie de lecții despre cum să facă ordine?"

E adevărat că, în vreme ce instructorii și școlile oferă cursuri despre orice, de la gătit la grădinărit și de la yoga la meditație, se găsesc greu cursuri despre cum să faci ordine. Prejudecata generală este că a face ordine nu se învață, ci mai degrabă se însușește natural. Îndemânarea la gătit și rețetele se transmit ca tradiții de familie de la bunică la mamă și fiică; totuși, nimeni n-a auzit ca secrete de familie în ceea ce privește ordinea să fie transmise măcar în interiorul aceleiași gospodării.

Amintește-ți de propria copilărie. Sunt sigură că toți am fost admonestați că nu ne-am făcut ordine în cameră, dar câți dintre părinți ne-au învățat, în mod practic, cum s-o facem ca parte a educației? Într-un sondaj pe acest subiect, numai 0,5% au răspuns afirmativ la întrebarea: „Ați studiat vreodată în mod formal cum să faceți ordine?" Părinții ne cereau să ne curățăm camerele, însă nici ei nu fuseseră vreodată învățați cum s-o facă. Când vine vorba de ordine, toți suntem autodidacți.

Instruirea în domeniul curățeniei nu este neglijată numai acasă, ci și la școală. Cursurile în domeniul casnic din Japonia și de peste tot în lume îi învață poate pe copii să facă hamburgeri la lecțiile de gătit sau să folosească mașina de cusut ca să confecționeze un șorț, dar, spre deosebire de gătit și cusut, curățeniei nu i se dedică niciun pic de timp.

Mâncarea, îmbrăcămintea și locuința sunt nevoile primare ale oamenilor, așa că s-ar crede că locul unde trăim ar trebui să fie considerat la fel de important ca tot ce mâncăm și ce îmbrăcăm. Totuși, în cele mai multe societăți, a pune lucrurile la locul lor, activitatea care face să se poată trăi într-o casă, este o activitate disprețuită complet, din cauza prejudecății că deprinderea primară de a face ordine se obține prin experiență și, ca atare, nu necesită învățare.

Oamenii care deretică mai mulți ani decât alții fac asta mai bine? Răspunsul este: „Nu". Un sfert dintre cursanții mei sunt femei în jur de 50 de ani și, în majoritate, au fost gospodine aproape 30 de ani, ceea ce înseamnă că sunt veterane în această ocupație. Dar oare fac ele ordine mai bine decât femeile de 20 de ani? Dimpotrivă. Cele mai multe și-au petrecut atât de mult timp aplicând metode convenționale care nu funcționează, încât casele le-au fost „inundate" de obiecte inutile și ele se zbat să țină dezordinea sub control cu metode ineficiente de depozitare. Cum li se poate cere să știe să facă ordine, când n-au studiat acest lucru așa cum se cuvine?

Dacă nici tu nu știi cum să faci ordine eficient, nu te descuraja. Acum e momentul să înveți. Studiind și aplicând metoda KonMari prezentată în această carte, poți scăpa de cercul vicios al dezordinii.

Fă ordine o dată și bine

"Fac curățenie când îmi dau seama cât de dezordonată mi-e casa, dar, după ce am terminat, nu trece mult și iar e dezordine." Aceasta este una dintre nemulțumirile obișnuite, iar răspunsurile de la rubricile de sfaturi ale revistelor sunt: "Nu încerca să faci ordine în toată casa odată. O să dai iar peste dezordine. Fă-ți obiceiul să deretici câte puțin în fiecare zi". Prima oară am dat peste acest refren când aveam cinci ani. Fiind mijlocia dintre trei frați, am crescut având destul de multă libertate. Mama era ocupată să aibă grijă de sora mea nou-născută, iar fratele meu, cu doi ani mai mare decât mine, era lipit mereu de televizor, jucând jocuri video. În consecință, îmi petreceam mult timp acasă singură.

Pe măsură ce creșteam, modul favorit de a-mi petrece timpul era să citesc reviste de stil pentru gospodine. Mama avea abonament la *ESSE,* o astfel de revistă plină de articole despre decorațiuni interioare, modalități de a face menajul mai ușor și prezentări de produse. Imediat ce sosea, o șterpeleam din cutia poștală înainte ca mama să afle că ajunsese, rupeam plicul și mă cufundam în conținutul ei. Când mă întorceam acasă de la școală, îmi plăcea să mă opresc la librărie și să răsfoiesc *Orange Page*, o faimoasă revistă japoneză de gătit. Nu puteam citi toate cuvintele, dar aceste reviste, cu fotografii cu mâncăruri delicioase, ponturi uimitoare despre cum să scoți petele și grăsimea sau cum să economisești bani, mă fascinau la fel de mult cum îl fermecau pe fratele meu jocurile video. Îndoiam colțul unei pagini care mă interesa și visam să pun în aplicare sfatul respectiv.

Îmi creasem și o varietate de jocuri solitare. De exemplu, într-o zi, după ce am citit un articol despre cum să economisești bani, m-am lansat într-un joc de-a "cum să economisești energia", care însemna să umblu prin jurul casei și să scot din priză tot ce nu era folosit, deși nu știam nimic despre electricitate. După ce am citit un alt articol, am umplut cu apă sticle din plastic și le-am pus în rezervorul de toaletă, într-un „concurs solitar de economisire a apei". Articolele despre depozitare mă inspirau să transform cartoanele de lapte în pereți despărțitori pentru sertarele biroului meu și să fac un suport pentru scrisori stivuind carcase goale de casete video între două piese de mobilier. La școală, în timp ce alți copii se jucau de-a prinselea ori săreau coarda, mă strecuram să aranjez rafturile de cărți din clasă sau verificam conținutul dulapului cu mopuri, bolborosind întruna despre metodele proaste de depozitare. „Dacă ar exista un cârlig în formă de S, ar fi mult mai ușor de folosit."

Dar exista o problemă care părea de nerezolvat: indiferent cât aș fi făcut ordine, nu trecea mult și era din nou harababură. Despărțitoarele din carton de lapte din sertarele mele erau repede umplute ochi de creioane. Suportul pentru scrisori făcut din carcase goale de casete video a fost curând atât de plin de scrisori și hârtii, încât s-a răsturnat pe podea. Gătitul și cusutul se învățau prin exercițiu, dar, la făcut ordine, deși era tot activitate de menaj, nu reușeam să devin mai bună, indiferent cât de des acționam — nicăieri nu rămânea ordine prea mult timp. „N-am ce face", mă consolam. „Dezordinea revine și gata. Dacă fac totul odată, o să mă descurajez." Citisem asta în multe articole despre cum să deretici și o luasem drept adevăr. Dacă aș avea o mașină a timpului, m-aș întoarce și mi-aș spune: „Asta-i greșit. Dacă vei folosi metoda corectă, nu vei recădea niciodată".

Multă lume asociază cuvântul „recădere" cu ținerea unei diete, dar îl înțelege și în contextul curățeniei. Pare logic că o reducere bruscă, drastică a dezordinii ar avea același efect ca diminuarea drastică a caloriilor — s-ar putea să existe o îmbunătățire pe termen scurt, dar nu va fi susținută mult timp. Însă nu fi dezamăgit. În momentul în care începi să muți mobila și să scapi de lucruri, camera ți se schimbă. E foarte simplu. Dacă-ți pui casa în ordine cu un efort uriaș, o vei aranja complet. „Recăderea" se întâmplă pentru că oamenii cred în mod greșit că au pus ordine în amănunt, când, de fapt, nu au făcut decât să ordoneze și să depoziteze parțial lucruri. Dacă deretici în casă așa cum trebuie, vei fi în stare să-ți ții mereu camera ordonată, chiar dacă ești leneș sau dezordonat de la natură.

Fă ordine câte puțin în fiecare zi și o s-o faci veșnic

Cum rămâne cu sugestia de a deretica câte puțin în fiecare zi? Deși sună convingător, nu te lăsa înșelat. Motivul pentru care ți se pare că n-o să termini vreodată este tocmai pentru că faci puțin câte puțin.

Să schimbi obiceiuri acumulate pe parcursul unei perioade de mulți ani este, adesea, extrem de dificil. Dacă n-ai reușit niciodată să faci ordine până acum, va fi aproape imposibil să te obișnuiești să pui ordine puțin câte puțin. Oamenii nu-și pot schimba obiceiurile dacă nu-și schimbă întâi modul de a gândi! Și asta nu este ușor! Până la urmă, e destul de greu să controlăm ceea ce gândim. Există, totuși, o modalitate de a ne schimba semnificativ felul în care gândim când vine vorba de ordine.

Subiectul ordinii în casă mi-a atras atenția când eram în primii ani de liceu. Am dat peste o carte numită *Arta aruncării lucrurilor* de Nagisa Tatsumi (Takarajimasha Inc.), care explica importanța aruncării lucrurilor. Am luat cartea când mă întorceam acasă de la şcoală, intrigată de un subiect pe care nu-l mai întâlnisem şi încă îmi amintesc cât de încântată am fost citind-o în tren. Am fost atât de absorbită, încât aproape că am uitat să cobor în staţie. Odată ajunsă acasă, m-am dus direct în camera mea cu o mână de pungi de gunoi şi m-am izolat câteva ore. Deşi camera mea era mică, atunci când am terminat aveam opt pungi pline de lucruri — haine pe care nu le purtasem niciodată, manuale din şcoala primară, jucării cu care nu mă mai jucasem de ani de zile, colecţia de gume de şters şi de ştampile. Uitasem că aceste obiecte existau. Am stat nemişcată pe podea cam o oră după aceea, holbându-mă la grămada de pungi şi întrebându-mă: „De ce naiba mi-am bătut capul să păstrez toate lucrurile astea?"

Ceea ce m-a şocat cel mai mult, în orice caz, a fost cât de diferit arăta camera mea. După numai câteva ore, vedeam părţi din podea care nu fuseseră niciodată goale până atunci. Încăperea părea că se transformase, iar aerul dinăuntru era parcă mai proaspăt şi mai luminos astfel încât îmi simţeam şi mintea mai clară. A face ordine, mi-am dat seama, ar putea avea un impact mult mai mare decât îmi imaginasem vreodată. Uimită de amploarea schimbării, mi-am îndreptat, din acea zi, atenţia de la gătit şi cusut, activităţi pe care le credeam esenţiale gospodăriei către arta de a face ordine.

A face ordine determină rezultate vizibile. Ordinea nu minte niciodată. Secretul esenţial al succesului este acesta: dacă faci ordine mai degrabă peste tot deodată decât puţin câte puţin, poţi să-ţi schimbi radical modul de gândire. Acest lucru produce o transformare atât de mare încât îţi stârneşte emoţii şi îţi influenţează irezistibil modul de gândire şi obiceiurile de viaţă. Clienţii mei nu obişnuiau să facă ordine gradual. Fiecare dintre ei a eliminat dezordinea imediat ce a început maratonul ordinii. Această abordare este soluția pentru a preveni dezordinea. Când oamenii ajung iar la neorânduială, nu camera sau lucrurile sunt de vină, ci modul lor de gândire. Chiar dacă se simt inspirați la început, se luptă să rămână motivați și eforturile li se epuizează. Cauza profundă este că nu văd rezultatele sau nu simt efectele. Tocmai de aceea, succesul depinde de obținerea imediată a unor rezultate concrete. Dacă folosești metoda potrivită și-ți concentrezi eforturile să elimini dezordinea amănunțit și complet într-o perioadă scurtă de timp, vei vedea rezultate instantanee care îți vor da putere să-ți menții spațiul în ordine după aceea. Oricine trăiește această experiență, indiferent cine este, va jura să nu mai ajungă nicicând la dezordine.

Aspiră la perfecțiune

„Nu aspira la perfecțiune. Începe încet, scăpând de un singur lucru pe zi." Ce cuvinte drăguțe, bune să le liniștească sufletele celor care nu au încredere în capacitatea lor de a face ordine sau cred că n-au destul timp să facă treaba cum trebuie. Am dat peste această recomandare când am devorat toate cărțile despre cum să faci ordine publicate vreodată în Japonia și am crezut o până la capăt.

Avântul produs de revelația mea despre puterea ordinii începuse să scadă și lipsa de rezultate trainice mă făcea să mă simt epuizată. Aceste cuvinte păreau să aibă sens. E descurajant să țintești perfecțiunea de la început. În plus, se presupune că e de neatins. Aruncând în fiecare zi câte un lucru, aș putea arunca 365 de lucruri până la sfârșitul anului.

Convinsă că am descoperit o metodă foarte practică, am urmat imediat instrucțiunile cărții. Mi-am deschis dulapul de dimineață, întrebându-mă ce să arunc în ziua aceea. Văzând un tricou pe care nu-l mai purtam, l-am pus într-o pungă de gunoi. Înainte să merg la culcare în seara următoare, am deschis sertarul biroului și am descoperit un carnețel prea copilăresc pentru mine. L-am pus în punga de gunoi. Observând și un fascicul pentru notițe în același sertar, mi-am spus: „Ah, nu mai am nevoie de ăsta". Dar, în timp ce mă întindeam să-l iau și să-l arunc, m-am oprit gândindu-mă: „Îl pot păstra ca să-l arunc mâine". Și am așteptat până a doua zi dimineața ca să-l arunc. A doua zi, am uitat complet de asta, așa că am aruncat două obiecte în ziua următoare...

Ca să fiu cinstită, n-a durat două săptămâni. Nu sunt tipul de persoană căreia să-i placă să se implice în ceva puțin câte puțin. La oameni ca mine, care-și fac temele în ultima zi, chiar înainte de termenul-limită, această abordare pur și simplu nu funcționează. În plus, aruncatul câte unui lucru pe zi nu compensa faptul că, atunci când mergeam la cumpărături, achiziționam mai multe obiecte deodată. Până la urmă, ritmul în care scăpam de lucruri nu ținea pasul cu ritmul în care dobândeam altele noi și m-am confruntat cu situația descurajantă că spațiul meu îmi era tot dezordonat. N-a trecut mult până când am uitat complet de regula care spunea să arunci câte un lucru pe zi.

Așadar îți pot spune din experiență că n-ai să-ți pui niciodată casa în ordine dacă faci curățenie numai pe jumătate. În cazul în care, la fel ca mine, nu ești sârguincios și perseverent, îți recomand să țintești perfecțiunea o singură dată. Mulți vor protesta la auzul cuvântului „perfecțiune", insistând că e un scop imposibil de atins. Dar nu-ți face griji. A face ordine este, până la urmă, numai un act fizic. Munca pe care o implică poate fi de două tipuri: a decide dacă arunci sau nu un obiect şi a decide unde să-l pui. Dacă poţi să faci aceste două lucruri, chiar eşti în stare să atingi perfecţiunea. Obiectele pot fi numărate. Tot ce trebuie să faci este să te uiţi la fiecare o dată şi să hotărăşti dacă îl arunci sau nu şi unde să-l pui. Asta e tot ce trebuie să faci ca să te achiţi de această treabă. Nu este greu să faci ordine perfect şi complet dintr-odată. Dacă vrei să eviţi neorânduiala, numai aşa se poate face.

În momentul în care începi, îţi reconfigurezi viaţa

Ţi s-a întâmplat vreodată să nu poţi învăţa în noaptea de dinaintea unui examen şi să te apuci să faci ordine frenetic? Recunosc, mie mi s-a întâmplat. De fapt, pentru mine era ceva obişnuit. Luam vraful de conspecte de pe birou şi le aruncam la gunoi. Apoi, fără să mă pot opri, atacam manualele şi hârtiile care umpleau podeaua şi începeam să le aranjez pe raftul de cărţi. În cele din urmă, îmi deschideam sertarul de la birou ca să-mi aranjez creioanele şi pixurile. Până să-mi dau seama, se făcea ora 2:30 dimineaţa. Învinsă de somn, mă trezeam brusc la 5 a.m şi abia atunci, într-o panică totală, îmi deschideam manualele şi mă puneam pe învăţat din greu.

Credeam că această nevoie de a face ordine înaintea unui examen era o ciudăţenie de-a mea, dar după ce am întâlnit mulţi alţii care procedează la fel, mi-am dat seama că era un fenomen răspândit. Numeroşi oameni simt nevoia să facă ordine atunci când sunt tensionaţi, cum ar fi înainte de un examen. Dar această nevoie nu se iveşte pentru că vor să-şi pună camera în ordine. Apare deoarece vor să-şi pună „altceva" în ordine. Creierul lor îşi strigă dorinţa de a studia, dar, când observă spaţiul în dezordine, obiectul concentrării devine: „Trebuie să-mi fac ordine în cameră". Faptul că această acţiune încetează odată ce criza se încheie demonstrează teoria. După ce examenul a luat sfârşit, pasiunea pusă în noaptea anterioară în dereticat se risipeşte şi viaţa revine la normal. Toate gândurile legate de ordine se şterg din mintea persoanei în cauză. De ce? Pentru că problema cu care se confrunta, adică studiatul pentru examen, fusese „ştearsă" şi ea.

Asta nu înseamnă că, dacă îţi faci ordine în cameră, îţi calmezi şi mintea neliniştită. Este posibil să te simţi revigorat un timp, dar uşurarea nu va dura pentru că nu ai abordat adevărata cauză a anxietăţii tale. Dacă te laşi amăgit de uşurarea temporară pe care ţi-o dă ordinea făcută în spaţiul tău fizic, nu vei cunoaşte niciodată necesitatea de a-ţi pune în ordine spaţiul psihologic. Mie aşa mi s-a întâmplat. Distrasă de „nevoia" de a-mi face ordine în cameră, îmi lua atât de mult să mă apuc de studiat, încât notele mele erau întotdeauna groaznice.

Să ne imaginăm o cameră dezordonată. Nu devine aşa de la sine. Tu, persoana care locuieşte acolo, faci dezordinea. Este o zicală conform căreia „o încăpere dezordonată este totuna cu o minte dezordonată". Eu aşa văd lucrurile. Când o cameră e în neorânduială, cauza nu e doar fizică. Acel talmeş-balmeş vizibil ne distrage atenţia de la adevărata sursă a dezordinii. Actul dezordinii este realmente un reflex instinctiv care ne abate de la miezul unei probleme. Dacă nu poţi fi relaxat într-o cameră curată şi ordonată, încearcă să-ţi înfrunţi sentimentul de anxietate. S-ar putea să iasă la lumină ceea ce te deranjează cu adevărat. Când ai camera curată și ordonată, nu ai de ales decât să te concentrezi asupra stării interioare. Poți vedea toate problemele pe care le-ai evitat și ești forțat să te confrunți cu ele. Din momentul în care începi să faci ordine, vei fi forțat să-ți reajustezi traiul. În consecință, viața va începe să ți se schimbe. De aceea, sarcina de a-ți face ordine în casă trebuie să fie îndeplinită rapid. Asta îți permite să te confrunți cu problemele realmente importante. A face ordine e doar un instrument, nu destinația finală. Adevăratul țel este să-ți stabilești stilul de viață pe care îl vrei, după ce ți-ai pus casa în ordine.

Experții în depozitare sunt colecționari

Care este prima problemă care îți vine în minte când te gândești să faci ordine? Pentru mulți, răspunsul este depozitarea. Clienții mei vor adesea să-i învăț ce și unde să pună. Credeți-mă, pot să răspund la solicitare, dar, din nefericire, nu aceasta este adevărata problemă. Un câmp minat se ascunde în spatele termenului „depozitare". Articolele despre organizarea și depozitarea lucrurilor, precum și produsele practice pentru depozitare sunt mereu însoțite de sloganuri care fac totul să pară atât de simplu, cum ar fi „organizează-ți spațiul cât ai zice pește" sau „fă ordine repede și ușor". Stă în natura umană să urmeze calea ușoară, și cei mai mulți oameni se reped la produsele care promit modalități rapide și la îndemână de înlăturare a dezordinii vizibile. Recunosc, și eu am fost cândva captivată de „mitul depozitării".

Amatoare entuziastă de reviste pentru gospodine încă de la grădiniță, de câte ori citeam un articol despre cum să pui lucrurile deoparte, trebuia să încerc imediat fiecare sugestie. Am făcut sertare din cutii de șervețele și mi-am spart porcușorul-pușculiță ca să cumpăr obiecte șic de depozitare. În gimnaziu, când mă întorceam de la școală, mă opream într-un magazin DIY sau răsfoiam reviste ca să văd ce a mai apărut nou. Când eram la liceu, l-am sunat odată pe producătorul unor obiecte ciudate și l-am bătut la cap pe cel care mi-a răspuns să-mi explice cum au fost inventate. Am folosit conștiincioasă aceste instrumente de depozitare ca să-mi organizez lucrurile. Apoi, am stat și mi-am admirat munca artizanală, mulțumită de cât de comodă devenise lumea. Din această experiență, pot să afirm cinstit că metodele de depozitare nu rezolvă problema dezordinii. Până la urmă, acestea sunt doar un răspuns superficial.

Când, în sfârșit, mi-am venit în fire, mi-am văzut camera în neorânduială, deși plină de etajere pentru reviste, rafturi de cărți, despărțitoare pentru sertare și alte instrumente de depozitare de toate felurile. „De ce camera mea e tot dezordonată când am muncit atât ca să-mi organizez lucrurile și să le depozitez?", m-am întrebat. Plină de disperare, m-am uitat la conținutul fiecărui instrument de depozitare și am avut o revelație. Cele mai multe lucruri care se aflau în ele nu-mi trebuiau. Deși credeam că pusesem totul în ordine, de fapt, nu făcusem decât să-mi irosesc timpul îndesând lucrurile departe de vedere, ascunzându-le sub un capac pe cele de care nu aveam nevoie. Punerea lucrurilor deoparte creează iluzia că problema dezordinii a fost rezolvată. Dar, mai devreme sau mai târziu, toate obiectele de depozitare sunt pline, camera este din nou invadată de lucruri și se cere o nouă și „convenabilă" metodă de depozitare, creându-se astfel o spirală negativă. De aceea, acțiunea trebuie să înceapă cu aruncatul. Este necesar să exersăm controlul de sine și să rezistăm la depozitarea lucrurilor până când hotărâm ce dorim cu adevărat să păstrăm.

Sortează în funcție de categorie, nu de loc

În cazul meu, studiul ordinii a început cu adevărat în gimnaziu și a constat, în principiu, în practică neîncetată. În fiecare zi făceam ordine în câte o cameră: în a mea, a fratelui meu, a surorii mele, în baie. În fiecare zi planificam unde să fac ordine și lansam campanii solo ca la vânzările de chilipiruri: „Ziua a cincea din lună este «ziua sufrageriei!»", „Azi e ziua «curățării cămării!»", „Mâine voi cuceri dulapurile din baie!"

Mi-am menținut acest obicei și după ce am intrat la liceu. Când veneam acasă, mă îndreptam direct spre locul unde hotărâsem să deretic în acea zi, fără ca măcar să-mi schimb uniforma de școală. Dacă ținta mea era un set de sertare de plastic din dulapul din baie, deschideam ușile și goleam conținutul unuia dintre sertare, unde se aflau cosmetice, săpunuri, periuțe de dinți și lame. Le sortam apoi pe categorii, le organizam în cutii cu despărțitoare și le puneam înapoi în sertar. La sfârșit, priveam cu admirație mută conținutul organizat amănunțit, înainte să trec la următorul sertar. Stăteam ore întregi pe podea sortând obiectele din dulap, până mă chema mama la cină.

Într-o zi, sortam conținutul unui sertar din dulapul de pe hol când m-am oprit surprinsă. „Ăsta trebuie să fie sertarul în care am făcut ordine ieri", m-am gândit. Nu era, dar obiectele dinăuntru erau aceleași: cosmetice, săpunuri, periuțe de dinți și lame. Le sortam pe categorii, le puneam în cutii și apoi la loc în sertar, exact așa cum făcusem cu o zi în urmă. Atunci mi-am dat seama: să faci ordine în funcție de loc e o greșeală fatală. Sunt tristă să recunosc că mi-a luat trei ani să înțeleg acest lucru.

Mulți oameni sunt surprinși când aud că o abordare aparent atât de funcțională este, de fapt, o capcană obișnuită.

Rădăcina problemei stă în faptul că oamenii depozitează, de obicei, același tip de obiecte în mai multe locuri. Când facem ordine în fiecare loc separat, nu vedem că repetăm aceeași muncă în mai multe spații și devenim prizonieri într-un cerc vicios al curățeniei. Pentru a evita asta, recomand să se facă ordine pe categorii. De exemplu, în loc să decizi că azi vei deretica într-o anumită cameră, stabilește-ți ținte precum „haine azi, cărți mâine". Un motiv esențial pentru care atât de mulți dintre noi nu reușim să facem ordine este că avem prea multe lucruri. Acest exces este cauzat de faptul că ignorăm câte deținem cu adevărat. Când depozităm un tip de obiect prin toată casa și facem ordine într-un singur loc nu putem aprecia volumul de ansamblu și, în consecință, nu terminăm niciodată. Ca să scapi din această spirală negativă, fă ordine pe categorii, nu după loc.

Nu schimba metoda ca să se potrivească personalității tale

Cărțile despre curățenie și ordine pretind adesea că motivul dezordinii variază în funcție de persoană și că, așadar, ar trebui să găsim metoda care se potrivește cel mai bine personalității noastre. La prima vedere, acest argument pare convingător. „Deci ăsta-i motivul pentru care nu reușesc să-mi mențin spațiul în ordine", am gândi. „Metoda pe care o foloseam nu se potrivește caracterului meu." Putem să cercetăm orice schemă la îndemână ca să aflăm ce metodă funcționează pentru oamenii leneși, oamenii ocupați, oamenii pretențioși sau nepretențioși și s-o alegem pe aceea care ni se potrivește.

La un moment dat, am explorat ideea de a clasifica metodele de a face ordine în funcție de tipul de caracter. Am citit cărți de psihologie, mi-am intervievat clienții în legătură cu grupa de sânge, caracterul părinților etc. și le-am cercetat chiar datele de naștere. Am petrecut cinci ani analizându-mi descoperirile în căutarea unui principiu general care să determine cea mai bună metodă pentru fiecare tip de personalitate. În schimb, am aflat că n-are absolut niciun rost să-ți schimbi abordarea în funcție de personalitate. Când vine vorba de făcut ordine, în mare majoritate, oamenii sunt leneși. Sunt, de asemenea, ocupați. Cât despre nazuri, fiecare ține mai mult la unele lucruri decât la altele. Când am examinat categoriile de personalitate sugerate, mi-am dat seama că mi se potriveau toate. Deci, în funcție de ce standarde puteam clasifica motivele pentru care oamenii sunt dezordonați?

Am obiceiul de a clasifica totul probabil din cauză că am petrecut atât timp gândindu-mă cum să organizez. Când mi-am început cariera de consultant, m-am străduit mult să-mi clasific clienții și să proiectez conținutul serviciilor mele astfel încât să se potrivească fiecărui tip. În retrospectivă, îmi dau seama totuși că am mai avut un motiv ulterior. Cumva, mi-am imaginat că o abordare complexă, constând în diferite metode pentru diferite tipuri de caracter, mă va face să arăt mai profesionistă. După o reflecție atentă, am ajuns însă la concluzia că are mult mai mult sens să clasifici oamenii după acțiunile lor, decât după trăsăturile generale de personalitate.

Din această perspectivă, oamenii care nu pot menține ordinea pot fi clasificați în trei categorii: tipul „nu pot să-l arunc", tipul „nu pot să-l pun la loc" și tipul „primele două combinate". Observându-mi clienții, mi-am mai dat seama și că 90% se încadrează în cel de-al treilea tipar „nu pot să-l arunc, nu pot să-l pun la loc", în timp ce 10% se încadrează în categoria „nu pot să-l pun la loc". Încă mai caut pe cineva care să se încadreze numai în categoria „nu pot să-l arunc", probabil din cauză că oamenii care nu pot arunca lucruri ar ajunge în scurt timp să strângă atâtea, încât spațiul de depozitare ar fi prea plin. Cât despre cei 10% care pot să renunțe la ceva, dar nu pot pune lucrurile bine, se dovedește curând că ar putea să arunce mult mai multe pentru că strâng cel puțin 30 de pungi de gunoi.

Părerea mea este că a face ordine trebuie să înceapă cu a scăpa de lucruri indiferent de tipul de personalitate. Odată ce clienții mei adoptă acest principiu, n-am nevoie să schimb conținutul a ceea ce predau astfel încât să se potrivească persoanei în cauză. Îi învăț pe toți același lucru. Maniera de a-l comunica și modul în care fiecare client îl pune în practică diferă în mod firesc, pentru că fiecare individ este unic în aceeași măsură în care este unic felul în care își mobilează casa. A face ordine eficient implică doar două acțiuni esențiale: a arunca și a decide unde să depozitezi lucrurile. Dintre cele două, se începe cu aruncatul. Acest principiu nu se schimbă. Restul depinde de nivelul de ordine pe care tu personal vrei să-l atingi.

Transformă dereticatul într-un eveniment special

Îmi încep cursul cu aceste cuvinte: a face ordine este un eveniment special. N-o faceți în fiecare zi. Aceasta produce de obicei un moment de tăcere uimită. Totuși, repet: ordinea trebuie să se facă dintr-odată. Sau, ca să mă exprim mai clar, activitatea aceasta ar trebui finalizată complet într-o singură perioadă de timp.

Dacă pentru tine a face ordine este o corvoadă nesfârșită la care trebuie să te supui zilnic, te înșeli serios. Există două feluri de a deretica: „ordinea zilnică" și „ordinea ca eveniment special". Ordinea zilnică, aceea care constă în a folosi un obiect și a-l pune la locul lui, va face întotdeauna parte din viața noastră atâta vreme cât va fi nevoie să folosim haine, cărți, materiale de scris etc. Dar scopul acestei cărți este să te inspire să abordezi acel „eveniment special" al punerii casei tale în ordine cât mai curând posibil.

Finalizând cu succes această sarcină-de-făcut-o-dată-în-viață vei atinge stilul de viață la care aspiri și te vei bucura de spațiul curat și ordonat pe care ți l-ai ales. Poți să spui cu mâna pe inimă că ești fericit înconjurat de atâtea obiecte pe care nici nu le mai ții minte? Cei mai mulți oameni au o nevoie disperată să-și facă ordine în casă. Din nefericire, în mare majoritate, nu reușesc să abordeze această sarcină ca pe un eveniment special și o înlocuiesc cu încăperi care sunt mai degrabă depozite. Zeci de ani se pot scurge în timp ce ei se chinuie să mențină ordinea dereticând în fiecare zi.

Credeți-mă, până n-ai dus la bun sfârșit evenimentul-unic-în-viață de a-ți pune casa în ordine, orice încercare de a deretica zilnic este destinată eșecului. Invers, odată ce ți-ai pus casa în ordine, dereticatul va fi redus la simpla sarcină de a pune obiectele la locul lor. De fapt, acesta va deveni un obicei involuntar. Folosesc termenul „eveniment special" pentru că este crucial să îndeplinești această sarcină într-o perioadă scurtă atât timp când ești energic și încântat de ceea ce faci.

S-ar putea să fii îngrijorat că, odată evenimentul încheiat, casa îți va ajunge din nou în dezordine. Vei face multe cumpărături și îți închipui că noile achiziții se vor aduna iar în grămezi. Îmi dau seama că este greu să crezi dacă n-ai încercat niciodată, dar, după ce ai făcut această curățenie radicală, nu-ți va mai fi deloc peste mână să pui lucrurile la locul lor sau să decizi unde să le așezi pe cele noi. Deși sună incredibil, nu trebuie decât să trăiești o dată starea de ordine perfectă pentru a fi capabil s-o menții. Tot ce ai de făcut este să-ți faci timp să examinezi fiecare obiect pe care îl deții, să decizi dacă vrei să-l păstrezi sau să-l arunci și apoi să hotărăști unde aranjezi ceea ce păstrezi.

Ți-ai spus vreodată „Pur și simplu nu sunt bun la făcut ordine" sau „N-are rost să încerc, m-am născut dezordonat"? Mulți oameni poartă după ei ani de zile această imagine de sine negativă, dar ea este îndepărtată instantaneu imediat ce trăiesc experiența propriului spațiu perfect curat. Această schimbare drastică a percepției de sine, încrederea că poți face orice, odată ce ți-ai pus în cap, transformă comportamente și stiluri de viață. Exact din acest motiv, cursanții nu revin niciodată la mine. După ce ai trăit impactul puternic al unui spațiu perfect ordonat, nici tu nu te vei întoarce vreodată la dezordine. Da, la tine mă refer!

Poate să-ți pară prea dificil, dar îți spun sincer că e chiar simplu. Când faci ordine, lucrezi cu obiecte. Obiectele sunt ușor de aruncat și ușor de mutat. Oricine o poate face. Scopul tău este vizibil. În momentul în care ai pus totul la loc, ai trecut linia de sosire. Spre deosebire de muncă, studii sau sport, nu trebuie să-ți compari performanțele cu ale nimănui altcuiva. Tu ești standardul. Mai mult, ceea ce tuturor le vine greu să facă — să continue — nu este deloc necesar. Nu trebuie să decizi unde pui lucrurile decât o singură dată.

Eu nu-mi fac niciodată ordine în cameră. De ce? Pentru că este deja. Fac ordine o dată sau, câteodată, de două ori pe an, și atunci îmi ia cam o oră. Îmi vine greu să cred că am petrecut atât de multe zile făcând ordine fără rezultate permanente. Acum, dimpotrivă, sunt fericită și mulțumită. Am timp să-mi trăiesc bucuria în spațiul meu liniștit, unde până și aerul se simte proaspăt și curat, am timp să stau și să sorb un ceai de plante în timp ce mă gândesc cum mi-a fost ziua. Uitându-mă în jur, privirea mi se oprește la un tablou care îmi place în mod special, cumpărat de peste ocean, și la o vază cu flori proaspete dintr-un colț. Deși nu e mare, spațiul în care locuiesc este înfrumusețat doar de obiecte dragi sufletului meu. Acest stil de viață îmi aduce bucurie.

Nu ți-ar plăcea și ție să trăiești așa?

E ușor, odată ce știi cum să-ți pui cu adevărat casa în ordine.

Capitolul al II-lea

Întâi, aruncă!

Începe prin a arunca totul dintr-odată

Crezi că ai pus totul în ordine perfectă, dar, în câteva zile, observi că în camera ta se instalează din nou neorânduiala. Pe măsură ce trece timpul, aduni tot mai multe lucruri și, până să-ți dai seama, spațiul tău a revenit la starea anterioară. Acest efect de revenire e cauzat de metode ineficiente care abordează acțiunea de a face ordine doar pe jumătate. Așa cum am menționat, există o singură metodă pentru a scăpa din această spirală negativă, aceea de a face ordine eficient dintr-odată, cât de repede posibil, pentru a crea un spațiu perfect ordonat. Dar cum produce acest lucru starea corectă de spirit?

    Când îți ordonezi complet spațiul, transformi decorul din jurul tău. Schimbarea e atât de profundă, încât te simți ca și cum ai trăi într-o lume total diferită. Acest lucru îți influențează profund mintea și îți creează o aversiune față de întoarcerea la starea de dezordine anterioară. Secretul este să faci schimbarea atât de rapid încât să simți o transformare completă de atitudine. Același impact nu va putea fi obținut niciodată dacă procesul se desfășoară gradual.

    Pentru a realiza o astfel de schimbare bruscă, trebuie să folosești cea mai eficientă metodă de a pune ordine. Altfel, până să-ți dai seama, ziua se va termina și nu vei fi făcut niciun progres. Cu cât durează mai mult, cu atât te simți mai obosit, și este cu atât mai probabil să renunți când ești abia la jumătate. Când lucrurile se vor aduna iar în grămezi, vei fi prins într-o spirală descendentă. Din experiența mea, „repede" înseamnă cam o jumătate de an. Pare un termen lung, dar sunt șase luni din întreaga ta viață. Odată ce procesul s-a terminat și ai dobândit experiența ordinii perfecte, te vei fi eliberat pentru totdeauna de ideea greșită că nu ești bun la făcut ordine.

Pentru cele mai bune rezultate, îți cer să urmezi fidel următoarea regulă: fă ordine în succesiunea corectă. Așa cum am văzut, sunt doar două sarcini: să arunci și să hotărăști unde păstrezi lucrurile. Numai două, dar aruncatul are întâietate. Asigură-te că termini de îndeplinit prima sarcină înainte să treci la următoarea. Nici măcar să nu te gândești să pui lucrurile la loc până nu ai terminat de aruncat. Eșecul respectării acestei succesiuni este unul din motivele pentru care mulți oameni nu fac niciodată progrese permanente. În mijlocul aruncatului, încep să se gândească unde să pună lucrurile. Imediat ce apare gândul „mă întreb dacă va încăpea în acest sertar", operația de aruncare se întrerupe. Poți să te gândești unde vei pune lucrurile după ce ai terminat de aruncat tot ceea ce îți prisosește.

Rezumând, secretul succesului este să faci ordine dintr-odată, cât de repede și complet posibil, și să începi prin a arunca.

Înainte să începi, vizualizează-ți destinația

Deja ai înțeles de ce este crucial să arunci înainte de a începe să te gândești unde să pui lucrurile. Dar să începi să arunci fără să analizezi deloc ar însemna să te predispui la eșec înainte de a începe. În loc de asta, începe prin a-ți identifica scopul. Ai ales cartea asta dintr-un motiv. Ce te-a motivat să faci ordine, în primul rând? Ce speri să obții făcând ordine? Înainte de a începe să arunci, reflectează atent la asta. Acest lucru înseamnă să vizualizezi stilul de viață la care visezi. Dacă sari peste această etapă, nu numai că vei întârzia întregul proces, ci te vei expune unui risc mai mare de recădere. Scopuri precum „vreau să trăiesc fără dezordine" sau „vreau să fiu capabil să strâng lucrurile" sunt prea generale. Trebuie să gândești mult mai profund decât atât. Reflectează. Gândește în termeni concreți ca să vizualizezi cu acuratețe cum ar fi să trăiești într-un spațiu fără dezordine.

O clientă de 20 de ani și-a definit visul drept „un stil de viață mai feminin". Trăia într-o cameră dezordonată de „șapte covoare" — în Japonia, asta înseamnă o cameră de mărimea a șapte tatami, deci o cameră cam de 3x4 m — cu un dulap încorporat și trei seturi de rafturi de diverse mărimi. Ar fi trebuit să fie destul spațiu de depozitare, dar, oriunde mă întorceam, nu vedeam decât dezordine. Dulapul era atât de plin, încât ușile nu se mai închideau, iar hainele alunecau din setul de sertare interioare ca umplutura dintr-un hamburger. De corniza draperiei de deasupra ferestrei boltite atârnau atâtea haine, încât nu era nevoie de draperie. Podeaua și patul erau acoperite de coșuri și pungi pline cu reviste. Când clienta mea se ducea la culcare, își muta lucrurile din pat pe podea, iar când se trezea, le punea înapoi pe pat ca să facă o cărare către ușă, astfel încât să poată pleca la serviciu. Stilul ei de viață nu se putea numi „feminin" indiferent cât ți-ai fi forțat imaginația.

„Ce vrei să spui prin «stil de viață feminin»?", am întrebat. S-a gândit mult până când, în final, a răspuns: „Ei bine, când vin acasă de la serviciu, să nu fie dezordine pe podea, iar camera să-mi fie la fel de ordonată ca un apartament de hotel, fără nimic care să împiedice privirea. Să am o cuvertură de pat roz şi o lampă albă în stil antic. Înainte să merg la culcare, aş face o baie, aş arde uleiuri aromatice şi aş asculta piese clasice de pian sau vioară în timp ce aş face yoga şi aş bea ceai de plante. Aş merge la culcare cu un sentiment de spaţialitate calmă".

Descrierea îi era atât de însufleţită, de parcă ar fi trăit aşa. Este important să atingi acest nivel de detaliu când îţi vizualizezi stilul de viaţă şi să faci notiţe. Dacă ţi se pare dificil, dacă nu-ţi poţi imagina stilul de viaţă pe care vrei să-l ai, încearcă să mergi în magazine de decoraţiuni interioare şi să priveşti fotografiile care îţi atrag atenţia. Să vizitezi case de expoziţie poate fi la fel de util. Să vezi o varietate de case te va ajuta să simţi ce ţi-ar plăcea. Într-adevăr, clientei pe care am descris-o mai sus chiar îi plăceau aromaterapia după baie, muzica clasică şi yoga. Eliberată din adâncimile dezordinii, a reuşit să găsească stilul de viaţă feminin la care aspira.

Acum, când îţi poţi imagina stilul de viaţă la care aspiri, este oare timpul să treci la aruncat? Nu, nu încă. Îţi înţeleg nerăbdarea, dar, ca să previi recăderea, trebuie să înaintezi cum se cuvine, pas cu pas, în timp ce te lansezi în acest eveniment unic în viaţă. Următorul pas este să identifici de ce vrei să trăieşti aşa. Uită-te din nou pe notiţele despre stilul de viaţă pe care îl doreşti şi reflectează iar. De ce vrei să faci aromaterapie înainte de culcare? De ce vrei să asculţi muzică clasică în timp ce faci yoga? Dacă răspunsurile sunt „pentru că vreau să mă relaxez înainte de culcare" şi „vreau să fac yoga ca să slăbesc", întreabă-te de ce vrei să te relaxezi şi de ce vrei să slăbeşti. Poate răspunsurile tale vor fi „nu vreau să fiu obosită când merg a doua zi la serviciu" şi „vreau să ţin dietă ca să fiu mai frumoasă". Întreabă-te din nou „de ce?", pentru fiecare răspuns. Repetă acest procedeu de trei până la cinci ori pentru fiecare element.

Continuând să explorezi motivele aflate în spatele stilului tău ideal de viață, vei înțelege ceva simplu. Scopul pentru care arunci și păstrezi lucruri este să fii fericit. Ar putea părea evident, dar e important să trăiești această revelație pe cont propriu și s-o lași să ți se strecoare în inimă. Înainte să începi să faci ordine, reflectează la stilul de viață la care aspiri și întreabă-te: „De ce vreau să fac ordine?" Când vei găsi răspunsul, ești pregătit să treci la etapa următoare: examinează ceea ce ai.

Cum să alegi. Îmi inspiră oare bucurie?

Ce criteriu folosești ca să decizi ce să arunci? Există câteva tipare obișnuite când vine vorba de aruncat. Unul este să arunci lucrurile când nu mai funcționează, de exemplu, când ceva se strică fără a mai putea fi reparat sau când o parte dintr-un ansamblu se deteriorează. Altul este să arunci lucrurile atunci când sunt perimate, cum ar fi hainele care nu mai sunt la modă sau obiecte legate de un eveniment trecut. E ușor să scapi de lucruri atunci când există un motiv evident pentru asta. E mult mai greu atunci când nu există un motiv care să te oblige.

Diferiți experți au propus repere pentru aruncarea lucrurilor de care oamenii se despart greu. Acestea includ reguli precum „aruncă tot ce n-ai folosit vreme de un an" sau „dacă nu poți decide, împachetează acele lucruri într-o cutie și uită-te la ele din nou peste șase luni". În orice caz, în momentul în care începi să te concentrezi la *cum* să alegi ce să arunci, te-ai abătut de la drum cu vânt din pupă. În această stare este foarte riscant să continui să faci ordine.

Într-un anumit moment din viața mea, eram, practic, o mașină de debarasat. După ce-am descoperit *The Art of Discarding*, la 15 ani, preocuparea mea a devenit cum să scap de lucruri și, de atunci, eforturile mele de cercetare s-au întețit. Căutam mereu locuri noi de exersat, fie în camerele fraților mei, fie în dulapurile de depozitare comune de la școală. Mintea îmi era plină de trucuri de făcut ordine și aveam încredere completă, deși greșit călăuzită, că puteam face ordine în orice loc.

Scopul meu precis pe vremea aceea era să scap de cât mai multe lucruri. Am aplicat fiecare criteriu despre care citisem în diverse cărți despre cum să reduci din lucruri. Am încercat să scap de hainele pe care nu le mai purtasem de doi ani, aruncând câte o piesă de îmbrăcăminte de câte ori cumpăram ceva nou și renunțând la toate piesele despre care nu eram sigură. Am aruncat 30 de pungi într-o lună. Dar, indiferent cât aruncam, nici măcar o cameră din casa mea nu părea mai ordonată.

De fapt, m-am trezit ducându-mă la cumpărături doar ca să scap de stres și în felul acesta am eșuat lamentabil în privința reducerii volumului lucrurilor mele. Acasă, eram mereu încordată, în continuă căutare de lucruri inutile pe care puteam să le arunc. Când găseam un obiect care nu era folosit, mă năpusteam asupra lui răzbunătoare și-l dădeam la gunoi. Nu e de mirare că devenisem extrem de iritabilă și tensionată și-mi era imposibil să mă relaxez chiar și acasă.

Într-o zi după școală, am deschis ușa camerei mele ca să mă apuc de făcut ordine, ca de obicei. Văzând locul acela dezordonat, mi-am pierdut, în cele din urmă, controlul. „Nu mai vreau să fac ordine!", am țipat. M-am așezat în mijlocul camerei și am început să mă gândesc. Petrecusem trei ani făcând ordine și aruncând lucruri și, cu toate astea, camera mea era tot în neorânduială. *Poate să-mi spună cineva, vă rog, de ce camera mea nu e ordonată, deși muncesc din greu la asta?* Cu toate că n-am spus asta cu voce tare, înăuntrul meu țipam de-a binelea. În acel moment, am auzit o voce: „Privește mai de aproape la ce se află acolo". *Ce vrei să spui? Mă uit în fiecare zi atât de aproape la tot ce e aici, încât aș putea să fac o gaură prin toate astea.* Cu acest gând încă în minte am adormit rapid, chiar acolo, pe podea.

Dacă aș fi fost puțin mai deșteaptă, aș fi înțeles, înainte de a deveni așa de nevrotică, faptul că a te concentra numai pe aruncatul lucrurilor nu poate să aducă decât nefericire. De ce? Pentru că ar trebui să alegem ce vrem să păstrăm, nu lucrurile de care vrem să scăpăm.

Când m-am trezit, am știut imediat ce dorise să spună vocea aceea din mintea mea. *Privește mai de aproape la ce se află acolo.* Mă concentrasem atât de puternic pe ceea ce voiam să arunc, atacând obiectele nedorite din jurul meu, încât uitasem să prețuiesc lucrurile care îmi plăceau, lucrurile pe care doream să le păstrez. Din această experiență, am tras concluzia că modul cel mai bun de a alege ce să păstrezi și ce să arunci este să iei în mână fiecare obiect și să te întrebi: „Îmi inspiră bucurie?" Dacă da, păstrează-l. Dacă nu, aruncă-l. Acesta este nu numai cel mai simplu, ci și cel mai precis reper după care să evaluezi.

Ai putea să te îndoiești de eficiența unui astfel de criteriu vag, dar trucul este să manevrezi fiecare obiect. Nu deschide doar dulapul și decide după o singură privire fugară înăuntru că tot ce este acolo te bucură. Trebuie să iei în mână fiecare ținută. Când atingi o piesă de îmbrăcăminte, corpul tău reacționează. Răspunsul lui la fiecare haină este diferit. Ai încredere în mine și încearcă.

Am ales acest criteriu dintr-un anumit motiv. Până la urmă, care este rostul ordinii? Dacă nu este acela ca spațiul nostru și lucrurile din el să ne aducă bucurie, cred că n-are niciun rost. De aceea, cel mai bun criteriu de a alege lucrurile pe care să le păstrezi și să le arunci este fericirea, bucuria oferită de păstrarea lor.

Ești fericit purtând haine care nu-ți plac?

Ești bucuros când ești înconjurat de teancuri de cărți necitite, care nu te emoționează?

Crezi că a deține accesorii pe care știi că nu le vei folosi niciodată te va face vreodată fericit?

Răspunsul la toate aceste întrebări ar trebui să fie „nu".

Acum imaginează-ți că locuiești într-un spațiu care conține numai lucruri care îți produc bucurie. Nu e acesta stilul de viață la care visezi?

Păstrează numai acele lucruri care îi sunt dragi sufletului tău. Apoi, ia-ți avânt și aruncă tot restul. Făcând asta, poți să-ți reconfigurezi și să practici un nou stil de viață.

O categorie pe rând

Să decizi ce să păstrezi în funcție de ceea ce îți bucură sufletul este cea mai importantă etapă atunci când faci ordine. Dar ce pași concreți trebuie să urmezi ca să elimini excesul în mod eficient?

Voi începe prin a-ți spune ce să nu faci. Nu începe să selectezi și să arunci în funcție de loc. Nu gândi „o să fac ordine întâi în dormitor, apoi mă mut în living" sau „o să trec prin toate dulapurile începând de sus în jos". Această abordare este fatală. De ce? Pentru că, așa cum am învățat mai devreme, cei mai mulți oameni nu se deranjează să depoziteze obiecte similare în același spațiu.

În majoritatea gospodăriilor, obiecte care aparțin aceleiași categorii sunt depozitate în două sau mai multe locuri împrăștiate prin toată casa. Să zicem, de exemplu, că începi cu garderoba sau dulapul din dormitor. După ce ai terminat de sortat și de aruncat totul de acolo, există riscul să dai peste haine pe care le-ai ținut în alt dulap sau peste o haină aruncată pe scaunul din living. Atunci va trebui să repeți întregul proces de alegere și depozitare, cheltuind timp și efort, și nu vei putea să evaluezi corect ce vrei să păstrezi și ce să arunci în aceste condiții. Repetiția și efortul în van pot ucide motivația, așa că trebuie evitate.

Din această cauză, îți recomand să gândești întotdeauna în funcție de categorie, nu de loc. Înainte de a alege ce să păstrezi, adună, deodată, tot ceea ce aparține acelei categorii. Scoate și ultimul obiect și pune totul împreună. Pentru a expune pașii implicați, să revenim la exemplul de mai sus cu hainele. Începi prin a decide că vei organiza și depozita hainele. Următorul pas este să cercetezi fiecare cameră din casă. Adu fiecare piesă de îmbrăcăminte pe care o găsești în același loc și împrăștie-le pe toate pe podea. Apoi, ridică fiecare ținută și vezi dacă îți produce bucurie. Acelea și numai acelea trebuie păstrate. Urmează același procedeu pentru fiecare categorie. Dacă ai prea multe haine poți să creezi subcategorii cum ar fi bluze, haine pentru partea de jos a corpului, șosete etc., și să-ți examinezi hainele câte o subcategorie pe rând. Strângerea tuturor obiectelor într-un loc este esențială pentru acest proces pentru că îți dă o imagine exactă a cât de multe ai. Numeroși oameni sunt șocați când văd volumul total care, cel mai adesea, este dublu față de cât își imaginau.

Adunând toate lucrurile într-un loc, poți, de asemenea, să le compari pe cele similare ca design, ceea ce îți ușurează selecția.

Mai există un motiv bun pentru a scoate toate lucrurile din aceeași categorie din sertar, garderobe și dulapuri și a le împrăștia pe podea. Lucrurile care nu sunt depozitate la vedere sunt „adormite". Asta îți face mai dificilă decizia privind bucuria inspirată. Expunându-le la lumina zilei și însuflețindu-le, ca să spun așa, vei judeca surprinzător de ușor dacă te bucură sau nu.

A te ocupa de o singură categorie într-o perioadă de timp grăbește procesul de a face ordine. Așadar, asigură-te că ai adunat fiecare obiect din categoria de care te ocupi. Nu lăsa să-ți scape nimic neobservat.

Începe corect

Îți începi ziua avântat să faci ordine, dar, până să-ți dai seama, soarele apune și abia dacă ai făcut o crestătură în zidul lucrurilor tale. Dându-ți seama cum a trecut timpul, te scufunzi în autoreproș și disperare. Și ce ții în mână? De cele mai multe ori, este una dintre cărțile tale de benzi desenate, un album sau un alt obiect care-ți trezește amintiri dragi.

Sfatul meu de a începe dereticatul nu după cameră, ci după categorie, adunând toate obiectele deodată, la un loc, nu înseamnă că ar trebui să pui mâna pe orice categorie îți place. Gradul de dificultate pe care-l presupune alegerea a ceea ce să păstrezi și să arunci diferă semnificativ în funcție de categorie. Oamenii care se blochează la jumătatea drumului fac asta pentru că, de obicei, pornesc de la lucrurile în legătură cu care se hotărăsc cel mai greu. Începătorii nu ar trebui să dea întâietate lucrurilor care trezesc amintiri, cum ar fi fotografiile. Nu numai că volumul total al obiectelor din această categorie este, de obicei, mai mare decât al tuturor celorlalte, dar, de departe, e și mult mai greu de luat o decizie dacă ar trebui să le păstrezi sau nu.

Pe lângă valoarea fizică a obiectelor, există alți trei factori care adaugă valoare lucrurilor noastre: funcția, informația și atașamentul emoțional. Când se adaugă elementul rarității, dificultatea de a alege ce să păstrezi se mărește. Oamenilor le este greu să arunce lucruri pe care le-ar mai putea folosi (valoare funcțională), care conțin informații utile (valoare informațională) și de care sunt legați sentimental (valoarea emoțională). Când aceste lucruri sunt greu de obținut sau de înlocuit (rarități), ți-e și mai dificil să le arunci.

Procesul de a decide ce să păstrezi și ce să arunci se va desfășura mai ușor dacă vei începe cu obiecte în legătură cu care poți lua hotărâri mai ușor. Pe măsură ce te apropii de categoriile mai grele, îți vei perfecționa capacitatea de a decide. Cu hainele este cel mai ușor pentru că au o valoare de raritate scăzută. Fotografiile și scrisorile, pe de altă parte, nu numai că au valoare sentimentală, ci sunt și unice; de aceea ar trebui lăsate la sfârșit. Asta e valabil mai ales pentru fotografii deoarece ele apar întâmplător în timp ce sortezi alte categorii și în cele mai neașteptate locuri, cum ar fi printre cărți și hârtii. Succesiunea cea mai bună este: întâi haine, apoi cărți, hârtii, obiecte diverse *(komono)* și, la sfârșit, obiecte cu valoare sentimentală și suvenire. Această ordine s-a dovedit cea mai eficientă și ca nivel de dificultate în ceea ce privește etapa următoare, de depozitare. În sfârșit, urmând această succesiune, ni se va ascuți intuiția în ceea ce privește lucrurile care trezesc în noi bucurie. Dacă poți să grăbești semnificativ procesul de luare a deciziilor doar prin schimbarea succesiunii a ceea ce vrei să arunci, nu crezi că merită să încerci?

Nu arăta familiei

Maratonul ordinii produce o grămadă de gunoi. În acest stadiu, singurul dezastru care se poate dezlănțui mai tare decât un cutremur este intrarea în scenă a acelui expert în reciclare cunoscut sub numele de „mamă".

Una dintre clientele mele, căreia îi voi spune M., locuia cu părinții și cu o soră. Se mutaseră în casă cu 15 ani în urmă, când M. era încă în școala primară. Nu numai că-i plăcea să cumpere haine, dar le și păstra pe cele care aveau valoare sentimentală, cum erau uniformele de școală sau tricourile făcute pentru diferite evenimente. Le-a depozitat în cutii stivuite pe podea, până când dalele podelei nu s-au mai văzut. A durat cinci ore să sorteze și să curețe. Până la sfârșitul zilei, avea 15 saci cu obiecte de aruncat, din care 8 saci cu haine, 200 de cărți, diverse jucării de pluș și obiecte manuale pe care le făcuse la școală. Le-am pus ordonat lângă ușă, pe podeaua care era acum vizibilă, și tocmai mă pregăteam să explic un aspect important. „Există un secret pe care ar trebui să-l știi despre modul de a scăpa de aceste gunoaie", am început, când ușa s-a deschis și în cameră a intrat mama ei cu o tavă de ceai cu gheață. *„Vai, Doamne"*, m-am gândit. Mama a pus tava pe o masă. „Îți mulțumesc mult c-o ajuți pe fiica mea", a spus ea și a dat să plece. În acel moment, privirea i-a căzut pe grămada de lângă ușă. „Ai de gând să arunci aia?", a zis ea, arătând către salteaua roz de yoga din vârful grămezii. „N-am mai folosit-o de doi ani." „Serios? Poate am s-o folosesc eu atunci." A început să răscolească prin saci. „A, și poate și asta."

Când a plecat, nu a luat numai salteaua de yoga, ci și trei fuste, două bluze, două jachete și niște papetărie.

Când în cameră a fost din nou liniște, mi-am sorbit ceaiul cu gheață și-am întrebat-o pe M. „Și cât de des face mama ta yoga?" „N-am văzut-o făcând niciodată."

Ce am vrut să spun înainte să intre mama ei în cameră era: „Nu-i lăsa pe ai tăi să vadă ce e aici. Dacă se poate, du singură sacii afară. Nu există niciun motiv ca familia ta să știe în detaliu ce arunci".

Le recomand clienților mei special să evite să le arate ce aruncă părinților și membrilor familiilor lor. Nu pentru că ar fi ceva de care să se rușineze. Nu e nimic rău în a face ordine. Totuși, este foarte stresant pentru părinți să vadă la ce anume renunță copiii lor. Volumul total al grămezii îi face pe părinți să se îngrijoreze dacă aceștia pot supraviețui cu ce a rămas. În plus, în ciuda faptului că știu că ar trebui să se bucure de independența și maturitatea copiilor, părinților li se poate părea foarte dureros să vadă haine, jucării sau suvenire din trecut la gunoi, mai ales dacă sunt lucruri pe care le-au dăruit ei. Să nu-ți ții gunoiul la vedere ar fi un semn de considerație. Asta împiedică și familia să achiziționeze mai mult decât are nevoie sau decât îi poate face plăcere. Până acum, membrii familiei tale erau perfect mulțumiți cu ce aveau. Când văd cât ai hotărât să arunci, ar putea să se simtă vinovați în fața unei risipe atât de strigătoare la cer, dar obiectele pe care le recuperează din grămada ta nu vor face decât să crească povara de obiecte inutile din locuințele lor. Și *ar trebui* să ne fie rușine să-i forțăm să poarte această povară.

Într-un număr copleșitor de cazuri, mama este cea care recuperează obiecte de la fiică; cu toate astea, mamele poartă rar hainele pe care le iau. Femeile cu care lucrez, în vârstă de 50 și 60 de ani, sfârșesc invariabil prin a arunca hainele vechi ale fiicelor lor, fără să le fi purtat vreodată.

Cred că trebuie să evităm astfel de situații, când afecțiunea unei mame pentru fiica ei devine o povară. Bineînțeles, nu este nimic greșit ca alți membri ai familiei să folosească efectiv lucruri de care tu nu mai ai nevoie. Dacă locuiești împreună cu familia, îi poți întreba pe membrii ei înainte de a începe să faci ordine: „Aveți nevoie de ceva ce plănuiați să cumpărați?" Dacă, apoi, din întâmplare, dai exact peste ceea ce le trebuie, fă-le obiectul cadou.

Dacă ești furios din cauza familiei, camera ta ar putea fi de vină

„Chiar dacă fac ordine, familia mea răvășește din nou lucrurile." „Soțul meu este strângător. Cum îl fac să arunce lucrurile?"

Poate fi foarte enervant când familia nu cooperează cu tine în încercarea de a obține căminul „ideal". Mi s-a întâmplat asta de multe ori în trecut. Odată, eram atât de absorbită să fac ordine, încât să-mi deretic numai camera mea nu era de-ajuns. A trebuit să mă apuc și de camerele fraților mei, și de toate spațiile din casă. Și eram constant frustrată din cauza familiei mele dezordonate. Un motiv semnificativ de insatisfacție era un dulap comun de depozitare, aflat în mijlocul casei. După mine, mai mult de jumătate din el era ocupat de lucruri nefolosite și inutile. Barele pentru haine gemeau de ținute cu care n-o văzusem pe mama niciodată și de costume de-ale tatălui meu care erau, în mod clar, demodate. Cutii de cărți cu benzi desenate ale fratelui meu acopereau podeaua. Așteptam momentul potrivit și-l abordam pe proprietar cu întrebarea: „Nu mai folosești asta, nu-i așa?" Dar răspunsul era fie „ba da", fie „o arunc eu", ceea ce nu făcea niciodată. De câte ori mă uitam în dulapul acela oftam și mă lamentam: „De ce continuă toată lumea să adune lucruri? Nu văd cât muncesc să țin casa ordonată?"

Perfect conștientă că eram o anomalie când venea vorba de făcut ordine, nu aveam de gând să-i las să mă învingă. Când frustrarea mea a atins limita, am decis să adopt tactica pe furiș. Identificam obiectele care nu fuseseră folosite de mulți ani, judecând după design, după cantitatea de praf acumulată și după miros. Mutam acele obiecte adânc în spatele dulapului și așteptam să văd ce se întâmpla. Dacă nu le observa nimeni lipsa, le aruncam câte unul pe rând, ca și cum aș fi rărit plantele. După trei luni de strategie, aruncasem zece saci de gunoi.

În cele mai multe cazuri, nimeni nu a observat și viața a continuat ca de obicei. Dar când volumul a atins un anumit nivel, oamenii au început să simtă lipsa câtorva obiecte. Când au arătat cu degetul spre mine, am reacționat fără rușine. Tactica mea era să fac pe proasta.

„Hei, știi cumva unde e jacheta mea?" „Nț." Dacă mă presau mai tare, pasul următor era negarea. „Marie, ești sigură că n-ai aruncat-o?" „Da, sunt sigură." „Ei, bine, mă întreb unde-o fi, atunci."

Dacă renunțau în acest punct, concluzia mea era că, indiferent ce obiect fusese, nu merita păstrat. Dar, dacă nu se lăsau prostiți, tot nu mă nelinișteam.

„Știu că era aici, Marie. L-am văzut cu ochii mei numai acum două luni."

Departe de a-mi cere scuze că le aruncasem lucrurile fără permisiunea lor, replicam:

„L-am aruncat în locul tău, fiindcă nu erai capabil s-o faci singur".

Privind retrospectiv, trebuie să recunosc că eram destul de arogantă. Odată descoperită, am fost întâmpinată cu un val de reproșuri și proteste și, până la urmă, mi s-a interzis să fac ordine oriunde în altă parte, cu excepția camerei mele. Dacă aș putea, aș da timpul înapoi, mi-aș da o palmă răsunătoare și m-aș asigura că nici măcar nu m-aș mai gândi la o campanie atât de ridicolă. Să arunci lucrurile altor oameni fără permisiunea lor arată o tristă lipsă de bun-simț. Deși aceste tactici furișe dau, în general, rezultate, iar lucrurilor aruncate nu li se simte niciodată lipsa, riscul de a pierde încrederea familiei atunci când ești prins este mult prea mare. În plus, pur și simplu nu e corect. Dacă vrei ca familia ta să devină mai ordonată, există o metodă mult mai ușoară de a obține asta.

După ce mi s-a interzis să mai fac ordine în spațiile altora și n-am mai avut unde să mă duc decât în camera mea, m-am uitat cu atenție în jur și m-a izbit un fapt surprinzător. Erau mult mai multe lucruri care trebuiau aruncate decât observasem înainte — o cămașă din dulapul meu, pe care nu o purtasem niciodată, împreună cu o fustă demodată pe care nu aveam s-o mai port, cărți pe rafturi, de care știam că nu mai aveam nevoie. Am fost șocată să-mi dau seama că eram vinovată exact de același lucru de care-mi acuzasem atât de vehement familia. Nefiind în poziția de a-i critica pe alții, m-am așezat cu sacii de gunoi pe podea și m-am concentrat să-mi fac ordine în spațiul propriu.

După vreo două săptămâni, în familia mea a apărut o schimbare. Fratele meu, care refuzase, oricât mă plânsesem, să arunce ceva, a început să-și sorteze riguros amănunțit lucrurile. Într-o singură zi, a aruncat 200 de cărți. Apoi, părinții și sora mea au început, încet-încet, să-și sorteze și să-și arunce hainele și accesoriile. Până la urmă, toată familia mea s-a dovedit capabilă să țină casa mult mai ordonată decât înainte.

Să munceşti discret spre a scăpa de excesul personal de lucruri este, de fapt, cea mai bună modalitate de a te confrunta cu o familie care nu face ordine. Călcându-ţi pe urme, membrii acesteia vor începe şi ei să îndepărteze lucrurile inutile şi să facă ordine, fără că tu să fi deschis măcar gura să te plângi. Poate suna greu de crezut, dar, când cineva începe să pună ordine, determină o reacţie în lanţ.

Dereticatul discret în propria-ţi cameră generează o altă schimbare interesantă — capacitatea de a tolera un anumit nivel de dezordine al membrilor familiei tale. După ce am fost mulţumită de camera mea, n-am mai simţit nevoia să arunc lucrurile fraţilor şi părinţilor mei. Când observam că spaţiile comune, cum ar fi livingul şi baia, erau în dezordine, le curăţam fără să stau pe gânduri şi nici nu mai vorbeam despre asta. Am văzut aceeaşi schimbare manifestându-se şi la clienţii mei.

Dacă eşti iritat că familia ta este dezordonată, te îndemn să-ţi verifici propriul spaţiu, în special cel de depozitare. Vei găsi, inevitabil, lucruri care trebuie aruncate. Nevoia de a atrage atenţia că altcineva nu face ordine este, de obicei, un semn că neglijezi să ai grijă de propriul spaţiu. De aceea, trebuie să începi prin a arunca numai lucrurile tale. Poţi lăsa la urmă spaţiile comune. Primul pas este acela de a te confrunta cu lucrurile tale.

Ceea ce nu-ţi trebuie ţie nu-i trebuie nici familiei tale

Sora mea e cu trei ani mai mică decât mine. Tăcută şi puţin timidă, preferă să stea în casă şi să deseneze sau să citească în linişte, în loc să iasă afară şi să socializeze. Fără îndoială, ea a suferit cel mai mult de pe urma cercetărilor mele în domeniul ordinii, servindu-mi drept victimă credulă. Până am devenit studentă, preocuparea mea a fost aruncatul, dar au existat întotdeauna lucruri de care mi-a venit greu să mă despart, cum ar fi un tricou care chiar îmi plăcea, dar cumva nu arăta bine. Incapabilă să renunț la el, îl probam în mod repetat stând în fața oglinzii, dar, în cele din urmă, eram nevoită să admit că pur și simplu nu mi se potrivea. Dacă era nou-nouț sau cadou din partea părinților, gândul de a-l arunca mă făcea să mă simt foarte vinovată.

În astfel de momente, sora mea se afla la îndemână. Metoda „un cadou pentru sora mea" era perfectă pentru a scăpa de astfel de obiecte. Când spun „cadou" nu înseamnă că îl împachetam ca pe un dar, departe de așa ceva. Cu haina pe care n-o doream în mână, dădeam buzna în camera surorii mele care stătea întinsă în pat, citind mulțumită. Luându-i cartea din mână, îi spuneam: „Îți place tricoul ăsta? Ți-l dau, dacă vrei". Văzându-i expresia confuză, pregăteam lovitura finală: „E nou-nouț și foarte drăguț. Dar, dacă n-ai nevoie de el, o să trebuiască să-l arunc. Ești de acord?" Săraca mea soră, cu fire domoală, nu avea altă soluție decât să spună: „Atunci, cred c-am să-l iau".

Asta se întâmpla atât de des încât sora mea, care făcea foarte rar cumpărături, avea un dulap care dădea pe dinafară. Deși purta unele haine pe care i le dădeam, existau multe altele pe care le îmbrăcase o dată sau deloc. Cu toate astea, am continuat să-i dau „cadouri". La urma urmei, erau haine bune și am crezut că s-ar bucura să aibă mai multe. Mi-am dat seama cât de mult greșisem, numai după ce mi-am început afacerea de consultanță și am întâlnit o clientă pe care o voi numi K.

K. avea 20 de ani, lucra pentru o companie de cosmetice și locuia cu familia ei. În timp ce îi sortam hainele, am început să observ ceva ciudat legat de alegerile pe care le făcea. În ciuda faptului că avea haine cât să umple un dulap de dimensiuni medii, numărul de piese pe care se hotărâse să le păstreze părea nenatural de mic. Răspunsul ei la întrebarea „îți transmite bucurie?" era, aproape întotdeauna, „Nu". După ce îi mulțumeam fiecărei piese pentru că își făcuse datoria, i-o înmânam ei s-o arunce. N-am putut să nu observ expresia de ușurare de pe fața ei ori de câte ori punea o haină în sac. Examinând colecția mai îndeaproape, am văzut că lucrurile pe care alegea să le păstreze erau mai mult haine de zi cu zi, cum ar fi tricouri, iar cele pe care le arunca aveau un stil complet diferit — fuste strâmte și topuri decoltate. Când am întrebat-o despre ele, mi-a spus: „Sora mea mai mare mi le-a dat". Când toate hainele au fost sortate și tânăra a făcut alegerea finală, a murmurat: „Uită-te aici. Eram înconjurată de toate lucrurile astea, care nici măcar nu-mi plăceau". Hainele purtate de sora ei îi ocupau o treime din dulap, dar aproape niciuna nu-i dăduse acel important fior de bucurie. Deși le purtase fiindcă i le dăduse sora ei, nu îi plăcuseră niciodată.

Mie asta mi se pare tragic. Și nu e un caz izolat. În munca mea, am observat că volumul de haine aruncat de surorile mai mici este mai mare decât cel aruncat de surorile mai mari, un fenomen legat sigur de situația în care copiii mai mici sunt obișnuiți să poarte haine căpătate. Există două motive pentru care surorile tinere tind să colecționeze haine care nu le plac. Unul este că e greu să arunci ceva primit din familie. Al doilea este că ele nu știu exact ce le place, ceea ce le îngreunează decizia de a arunca. Pentru că primesc atâtea haine de la alții, nu au nevoie să cumpere și, în consecință, au mai puține ocazii să-și dezvolte intuiția a ceea ce le aduce bucurie.

Nu mă înțelege greșit. Să dai lucruri de care nu te folosești altora care au nevoie de ele este o idee excelentă. Nu numai că este economic, dar poate fi și o sursă de mare satisfacție să vezi că cineva apropiat se bucură de aceste obiecte și le prețuiește. Dar asta nu este același lucru cu a da obiecte familiei tale cu forța, numai pentru că nu ești în stare să scapi de ele. Indiferent că victima este o soră, un părinte sau un copil, acest obicei ar trebui interzis. Deși sora mea nu s-a plâns niciodată, sunt sigură că avea îndoieli când accepta hainele mele purtate. Practic, transferam pur și simplu vina mea de a nu putea să le arunc asupra ei. Privind retrospectiv, mi se pare destul de rușinos.

Dacă vrei să dai ceva, nu forța oamenii să primească necondiționat și nu îi presa făcându-i să se simtă vinovați. Află dinainte ce le place și, dacă găsești un lucru care se potrivește acelor criterii, atunci și numai atunci ar trebui să le arăți obiectul. Poți să-l oferi și în condițiile în care ar fi dispuși să plătească pentru el. Trebuie să le arătăm celorlalți considerație, ajutându-i să evite povara de a avea mai mult decât au nevoie sau decât le face plăcere.

A face ordine este un dialog cu sine

„KonMari, ți-ar plăcea să stai sub o cascadă?"

Am primit această invitație de la o clientă, o femeie fermecătoare, care, la 74 de ani, era încă un manager activ și o schioare și o excursionistă înrăită. Practica meditația sub apă curgătoare de mai bine de un deceniu și părea să-i placă mult.

Spunea adesea „mă duc la o cascadă" de parcă ar fi mers la spa. Ca urmare, locul la care m-a dus nu era unul pentru începători într-un tur introductiv. Părăsindu-ne cabanele la şase dimineaţa, am urcat o cărare de munte, am sărit peste garduri, am traversat un râu în care apa ne ajungea până la genunchi până am ajuns la o cascadă izolată.

Dar n-am abordat acest subiect ca să prezint această bizară metodă de recreere. Mai degrabă, am aflat că există o mare asemănare între a medita sub o cascadă şi a face ordine. Când stai sub o cascadă, singurul sunet audibil este vuietul apei.

În timp ce apa îţi biciuie corpul, senzaţia de durere dispare şi cea de amorţire îi ia locul. Apoi, o senzaţie de căldură te învăluie dinăuntru spre exterior şi intri într-o transă meditativă. Deşi nu încercasem niciodată înainte această formă de meditaţie, senzaţia pe care mi-o dădea îmi era extrem de familiară. Semăna foarte mult cu ceea ce simt atunci când fac ordine. Nefiind tocmai o stare meditativă, sunt dăţi când fac curat şi pot intra, discret, în legătură profundă cu mine însămi. Munca de a analiza fiecare obiect pe care-l deţin pentru a vedea dacă-mi aduce bucurie este ca şi cum aş conversa cu mine însămi prin intermediul lucrurilor mele.

Din acest motiv, este necesar să creezi un spaţiu liniştit în care să evaluezi lucrurile din viaţa ta. În mod ideal, n-ar trebui nici măcar să asculţi muzică. Câteodată, aud recomandări de a face ordine în ritmul unei melodii care te prinde, dar, personal, nu încurajez asta. Mi se pare că zgomotul face mai greu de auzit dialogul interior dintre proprietar şi lucrurile lui. Să asculţi televizorul este, desigur, în afara discuţiei. Dacă ai nevoie de un zgomot de fond care să te relaxeze, alege muzică ambientală fără versuri sau melodii bine definite. Dacă vrei să dai mai multă energie muncii tale, captează mai degrabă puterea atmosferei din camera ta decât să te bazezi pe muzică.

Cel mai bun moment de a începe este dimineața devreme. Aerul proaspăt din zori îți păstrează mintea clară și discernământul ascuțit. Din acest motiv, în majoritate, lecțiile mele încep dimineața. Cea mai matinală lecție pe care am ținut-o vreodată a început la 6:30 a.m., și am reușit să facem curățenie de două ori mai repede decât de obicei. Senzația de limpezime, de revigorare pe care o simți după ce ai stat sub cascadă poate crea dependență. La fel, după ce ai terminat să-ți pui spațiul în ordine, vei fi copleșit de nevoia de a o face din nou. Și, spre deosebire de meditația sub cascadă, nu trebuie să călătorești pe distanțe lungi și terenuri accidentate ca s-o obții. Poți să te bucuri de același efect în propria casă. Asta e ceva foarte special, nu crezi?

Ce să faci când nu poți să arunci ceva

Criteriul meu în decizia de a păstra un obiect este acela că ar trebui să simțim un fior de bucurie la atingerea lui. Dar e în natura umană să se opună la a arunca un lucru, chiar dacă știm că ar trebui. Obiectele pe care nu le putem arunca, chiar dacă nu ne aduc bucurie, sunt o problemă reală.

Judecata omenească poate fi împărțită în două tipuri: intuitivă și rațională. Când vine vorba de a selecta ca să aruncăm, judecata rațională este cea care ne face probleme. Deși, intuitiv, știm că un obiect nu ne atrage, rațiunea ne ridică tot felul de argumente pentru a nu-l arunca, cum ar fi „poate o să am nevoie de el mai târziu" sau „e o risipă să-l arunc". Aceste gânduri ni se învârt în minte făcând renunțarea imposibilă.

Nu pretind că e greșit să eziți. Incapacitatea de a decide arată un grad de atașament de obiectul respectiv. Și nu toate deciziile nu pot fi luate doar pe bază de intuiție. Dar tocmai de aceea trebuie să evaluăm fiecare obiect cu grijă și să nu ne lăsăm distrași de gândul că am fi risipitori.

Când dai peste ceva la care ți-e greu să renunți, gândește-te cu atenție, în primul rând, de ce ai acel obiect. Când l-ai achiziționat și ce a însemnat atunci pentru tine? Reevaluează rolul pe care-l are în viața ta. Dacă, de exemplu, ai haine pe care le-ai cumpărat, dar nu le-ai purtat niciodată, examinează-le pe rând. Dacă ai cumpărat pentru că ți s-a părut că arătau grozav în magazin, atunci și-au îndeplinit misiunea de a-ți da un fior. Atunci, de ce nu le-ai purtat niciodată? Oare pentru că ți-ai dat seama că nu ți se potrivesc când le-ai probat acasă? Dacă-i așa și dacă nu mai cumperi haine în același stil și de aceeași culoare, înseamnă că au îndeplinit o altă funcție importantă, și anume te-au învățat ce nu ți se potrivește. De fapt, acele piese de îmbrăcăminte și-au jucat deja rolul în viața ta și ești liber să spui „mulțumesc că mi-ați adus bucurie când v-am cumpărat" sau „mulțumesc că m-ați învățat ce nu mi se potrivește" și să renunți la ele.

Fiecare obiect are un rol diferit. Nu toate hainele au venit la tine ca să fie purtate până se jerpelesc. Așa e și cu oamenii. Nu fiecare individ pe care îl întâlnești va deveni un prieten apropiat sau un iubit. Cu unii te vei înțelege greu sau îți va fi imposibil să-i simpatizezi. Dar și aceștia te vor învăța o lecție prețioasă despre persoanele pe care *le placi*, așa încât le vei aprecia și mai mult.

Când dai peste ceva ce nu poți arunca, gândește-te cu atenție la locul adevărat pe care îl are în viața ta. Vei fi uimit câte dintre lucrurile pe care le posezi și-au îndeplinit deja rolul. Recunoscându-le contribuția și renunțând cu gratitudine la ele, vei putea cu adevărat să-ți pui lucrurile pe care le ai și viața în ordine. La sfârșit, toate acele rămase vor fi lucruri pe care le prețuiești realmente.

Ca să păstrezi chiar lucrurile care sunt importante pentru tine, trebuie să le arunci întâi pe cele care au supraviețuit misiunii lor. Să arunci ceea ce nu-ți mai trebuie nu înseamnă nici risipă și nu e nici rușinos. Poți spune cinstit că prețuiești un lucru atât de adânc îngropat într-un dulap sau într-un sertar, încât ai uitat de existența lui? Dacă obiectele ar avea sentimente, ele sigur n-ar fi fericite. Eliberează-le din închisoarea în care le-ai alungat. Ajută-le să plece de pe acea insulă părăsită unde le-ai exilat. Lasă-le să plece cu recunoștință. Și tu, și lucrurile tale vă veți simți liberi și revigorați când vei fi terminat de făcut ordine.

Capitolul al III-lea

Cum să faci ordine pe categorii

Succesiunea în care trebuie să faci ordine

Urmează categoriile în ordinea corectă

Uşa se deschide cu un clic şi o femeie priveşte afară uşor neliniştită: „B-bună ziua".

Clienţii mei sunt întotdeauna puţin încordaţi când le vizitez casele pentru prima oară. Pentru că m-au întâlnit deja de câteva ori, această încordare izvorăşte nu din timiditate, ci mai mult din nevoia de a-şi aduna puterile pentru o mare provocare.

„Chiar credeţi că e posibil să-mi deretic casa? Nu e loc nici să pui piciorul aici."

„Nu văd cum aş putea să fac ordine într-un timp atât de scurt."

„Ai spus că niciunul dintre clienţii tăi nu a suferit o recădere. Dar dacă eu o să fiu primul?"

Această nervozitate este aproape palpabilă, dar ştiu, fără nicio îndoială, că fiecare dintre ei se va descurca. Chiar şi aceia care sunt leneşi sau dezordonaţi din fire, chiar şi oamenii care provin din generaţii de îngălaţi sau care sunt excesiv de ocupaţi pot învăţa să facă ordine cum trebuie dacă urmează metoda KonMari.

Să-ţi spun un secret. Să-ţi pui casa în ordine este amuzant! Când evaluezi ce simţi faţă de lucrurile tale, identificându-le pe cele care şi-au îndeplinit rolul, exprimându-ți mulțumirea și luându-ți adio de la ele, îți examinezi eul profund, un rit de trecere spre o viață nouă. Unitatea de măsură după care judeci este atracția intuitivă, aşa că nu e nevoie de teorii complexe sau de date numerice. Tot ce trebuie să faci este să urmezi succesiunea corectă. Aşa că înarmează-te cu mulți saci și pregătește-te de distracție.

Începe cu hainele, apoi treci la cărți, hârtii, obiectele diverse *(komono)* și, în cele din urmă, la lucrurile cu valoare sentimentală. Dacă reduci ceea ce posezi în această ordine, munca ta va progresa cu o uşurință surprinzătoare. Începând cu lucrurile uşoare și lăsându-le pe cele grele la sfârşit, îți vei perfecționa progresiv capacitatea de a lua decizii astfel încât, la sfârşit, totul va părea simplu.

Pentru prima categorie — hainele —, recomand împărțirea obiectelor în următoarele subcategorii, pentru creşterea eficienței:

- topuri (cămăşi, pulovere etc.);
- haine pentru partea de jos a corpului (pantaloni, fuste etc.);
- haine care se agață (jachete, paltoane, costume etc.);
- şosete;
- lenjerie;
- poşete etc.;
- accesorii (eşarfe, curele, pălării etc.);
- haine pentru evenimente speciale (costume de baie, uniforme);
- pantofi.

Şi da, includ poşetele şi pantofii la îmbrăcăminte.

De ce e asta cea mai bună succesiune? Nu sunt sigură de motiv, dar, pe baza experienței căpătate dedicându-mi jumătate din viață ordinii, pot să-ți spun sigur că funcționează!

Crede-mă! Dacă urmezi această succesiune, o să lucrezi cu viteză şi vei obţine rezultate vizibile surprinzător de repede. Mai mult, pentru că vei păstra numai lucrurile care îţi plac cu adevărat, energia şi bucuria ta vor creşte. Poate vei fi obosit fizic, dar te vei simţi atât de bine că scapi de lucrurile inutile, încât îţi va fi greu să te opreşti.

În orice caz, cel mai important punct este să decizi ce păstrezi. Ce lucruri îţi vor aduce bucurie dacă le vei păstra ca parte din viaţa ta? Alege-le ca şi cum ai indentifica lucrurile care-ţi plac într-o vitrină din magazinul tău preferat. Odată ce ai înţeles bazele, adună-ţi toate hainele într-o grămadă, ia-le în mână rând pe rând şi întreabă-te în şoaptă: „Îmi transmite bucurie?" Propriul festival al ordinii a început.

Îmbrăcămintea

Aşază pe podea fiecare piesă de îmbrăcăminte din casă

Primul pas este să verifici fiecare şifonier, dulap şi sertar din casă şi să-ţi aduci toate hainele la un loc. Nu lăsa niciun şifonier sau sertar nedeschis. Asigură-te că ai strâns şi ultima piesă de îmbrăcăminte. Când clienţii mei sunt siguri că au terminat, le pun întotdeauna întrebarea asta: „Eşti sigur că nu a mai rămas nicio singură piesă de îmbrăcăminte în toată casa?" Apoi adaug: „Poţi să uiţi de orice haine mai găseşti după asta. Vor merge automat în grămada de aruncat". Îi anunţ că sunt foarte serioasă. N-am de gând să-i las să păstreze nimic găsit după ce s-a făcut sortarea. Răspunsul este de obicei: „Ah, stai, cred că e posibil să mai fie ceva în şifonierul soţului meu". Sau: „Ah, s-ar putea să fi agăţat ceva în hol". Urmează o ultimă tură prin casă şi câteva obiecte în plus adăugate la grămadă.

Acest ultimatum sună puțin ca sistemul de plată al facturilor la bancomat, dar atunci când clienții mei știu că există un *deadline* ferm, își scormonesc încă o dată memoria pentru că nu vor să piardă haine fără să fi avut șansa să decidă în privința lor. Deși rareori trebuie să-mi pun în aplicare amenințarea, dacă cineva nu-și amintește de un obiect în acel moment înseamnă că acela nu-i inspiră un sentiment de bucurie și, de aceea, sunt nemiloasă. Singura excepție sunt hainele care se află, întâmplător, la spălat.

Când toate hainele au fost adunate, numai grămada de topuri ajunge până la genunchi. Termenul „topuri" include haine pentru fiecare sezon, de la tricouri și bluze până la pulovere tricotate. Numărul mediu de piese din această grămadă inițială este în jur de 160.

Confruntați cu întâiul lor obstacol în procesul de a face ordine, cei mai mulți oameni sunt copleșiți de volumul total al lucrurilor. În acest punct, de obicei eu spun: „Hai să începem cu hainele extrasezon". Am un motiv pentru alegerea hainelor care nu sunt de sezon în prima lor incursiune în această gală a ordinii. Este cea mai ușoară categorie pentru ca un om să se racordeze la intuiția a ceea ce-l face să se simtă bine.

Dacă încep cu haine pe care le folosesc în prezent, clienții sunt mai înclinați să gândească: „Nu-mi inspiră bucurie, dar tocmai l-am purtat ieri". Sau: „Dacă n-o să mai am haine de purtat, cum mă descurc?" Asta face mai dificilă luarea unei decizii. Pentru că hainele extrasezon nu sunt necesare imediat, este mult mai bine să aplici criteriul simplu al bucuriei produse. Există o întrebare pe care o recomand când sortezi haine extrasezon: „Vreau să văd din nou ținuta asta când va veni sezonul ei?" Sau ca să reformulez: „Aș dori să port asta imediat, dacă temperatura s-ar schimba brusc?"

„Vreau s-o văd din nou? Păi... nu neapărat." Dacă simți așa, arunc-o. Și, dacă ai multe de aruncat din sezonul trecut, nu uita să-ți exprimi recunoștința. Ți-ar putea fi teamă că n-o să-ți mai rămână haine de purtat dacă folosești acest standard. Dar nu-ți face griji. Ar putea părea că ai aruncat o grămadă, însă, atât timp cât alegi hainele care-ți fac plăcere, vei avea cantitatea necesară.

Odată ce ți-ai dezvoltat flerul de a alege, poți trece la fiecare subcategorie din hainele de sezon. Cele mai importante puncte pe care trebuie să ți le amintești sunt acestea: asigură-te că ai adunat toate piesele de îmbrăcăminte din casă și că le-ai luat pe fiecare în mână.

Hainele de casă

Retrogradarea la haine de casă este „tabu"

Pare o risipă să arunci un lucru perfect utilizabil, mai ales în cazul în care l-ai cumpărat tu. În aceste situații, clienții mă întreabă dacă pot păstra ceva ce știu că nu vor purta afară, dar pot să-l folosească în casă. Dacă aș spune „da", grămada de haine de casă ar crește continuu, iar volumul nu s-ar diminua deloc.

Acestea fiind zise, trebuie să recunosc că eu însămi am făcut cândva același lucru cu hainele pe care știam că n-am să le port afară. Existau grămezi de jachete, bluze demodate, rochii care nu-mi veneau sau pe care, pur și simplu, nu le purtam niciodată și n-a trecut mult până când mi-am făcut obiceiul de a retrograda aceste veșminte la haine de casă, în loc să le arunc. Totuși, în nouă situații din zece, nu le-am purtat niciodată.

Am descoperit curând că mulți dintre clienții mei aveau „haine de casă", în stare de „somnolență". Când i-am întrebat de ce nu le poartă, răspunsurile au fost revelatoare: „Nu mă pot relaxa în ele". Sau: „Pare o risipă să le port în casă, când erau pentru afară". Ori: „Nu-mi plac" etc. Cu alte cuvinte, acești „proscriși" nu sunt, de fapt, veșminte de casă. Numirea lor astfel nu face decât să amâne aruncarea, pentru că nu inspiră nicio bucurie. Există magazine dedicate hainelor de purtat în casă, iar designul, materialul și croiala corespund scopului relaxării. Evident, este un gen complet diferit față de piesele de îmbrăcăminte pe care le purtăm în afara casei. Tricourile de bumbac sunt, probabil, singurul tip de haine de zi cu zi care poate fi refolosit în această categorie.

Din punctul meu de vedere, nu e bine să păstrăm haine care nu ne plac pentru a ne relaxa în casă. Timpul petrecut acasă este și el o parte prețioasă a vieții. Valoarea lui nu trebuie să se schimbe doar pentru că nu ne vede nimeni. Așa că, începând de azi, întrerupe obiceiul de a retrograda hainele care nu-ți plac la categoria de casă. Adevărata risipă este nu să arunci hainele care nu-ți plac, ci să le porți în ciuda faptului că te străduiești să-ți creezi spațiul ideal pentru stilul tău ideal de viață. Tocmai pentru că nu te vede nimeni, este mult mai important să-ți consolidezi o imagine pozitivă de sine, purtând haine care îți plac.

Același lucru este valabil și în cazul pijamalelor. Dacă ești femeie, dormi în ceva feminin sau elegant. Cel mai rău lucru pe care poți să-l faci este să dormi într-un costum șleampăt de sport. Mi s-a întâmplat să întâlnesc oameni care se îmbracă așa tot timpul, indiferent că sunt treji sau dorm. Dacă pantalonii de sport sunt ținuta ta zilnică, o să sfârșești prin a arăta ca și cum îți sunt o a doua piele, ceea ce nu-i foarte atrăgător. Ceea ce porți în casă chiar îți influențează imaginea de sine.

Depozitarea hainelor

Împăturește-le corect și rezolvă problemele de depozitare

După procesul de selecție, clienții mei rămân, de obicei, cam cu o treime spre o pătrime din hainele pe care le aveau la început. Pentru că piesele de îmbrăcăminte pe care vor să le păstreze sunt încă îngrămădite pe podea, e timpul să le depoziteze. Înainte să continui cu această etapă, dă-mi voie să-ți spun o poveste.

Am avut odată o clientă cu o problemă pe care n-o puteam înțelege. O casnică în jur de 50 de ani mi-a spus, în timpul interviului inițial, că nu avea destule dulapuri în casă pentru toate hainele. Din planul etajului însă, se vedea clar că dispunea nu doar de două dulapuri mari numai pentru ea, ci și că dulapurile erau de 1,5 ori mai mari decât cele obișnuite. Deși acest spațiu ar fi trebuit să fie suficient, avea și un stand de haine cu trei bare plin.

Uimită, am estimat în mare că avea o garderobă de mai mult de 2 000 de ținute. Numai după ce i-am vizitat casa am înțeles. Când a deschis dulapul de lungimea peretelui, am rămas cu gura căscată. Parcă m-aș fi uitat la cuierele pline de la curățătorie. Pe umerașe atârnau ordonat nu numai haine și fuste, ci și tricouri, pulovere, genți și chiar lenjerie intimă. Clienta mea a început să-mi dea imediat explicații legate de colecția ei de umerașe.

„Acest tip este făcut special pentru tricotaje, ca să nu alunece. Și acestea sunt făcute manual. Le-am cumpărat din Germania." După ce mi-a ținut o lecție de cinci minute, s-a întors radioasă spre mine și a spus: „Hainele nu se șifonează dacă le ții atârnate. Și rezistă mai mult, nu?"

După ce i-am mai pus întrebări, am descoperit că nu-și împăturea nicio haină.

Există două metode pentru depozitarea hainelor: să le pui pe umerașe și să le agăți pe o bară; să le împăturești și să le așezi în sertare. Înțeleg de ce oamenii pot fi înclinați să-și atârne hainele. Pare mult mai puțină muncă. Totuși, recomand călduros împăturirea ca metodă principală de depozitare. *Dar e o corvoadă să împăturești hainele și să le pui în sertare. E mult mai simplu să le arunci pe un umeraș și să le bagi într-un șifonier.* Dacă așa gândești, înseamnă că n-ai descoperit încă adevăratul efect al împăturitului. Atârnatul nu poate concura cu împăturitul când vine vorba de a economisi spațiu. Deși depinde într-o măsură de grosimea hainelor în cauză, poți pune 20 până la 40 de bucăți împăturite în același spațiu în care poți atârna numai 10. Clienta prezentată anterior avea numai ceva mai multe haine decât media. Dacă le-ar fi împăturit, i-ar fi încăput fără nicio problemă în spațiul de depozitare. Împăturindu-ți ordonat hainele, poți rezolva aproape orice problemă de depozitare.

Dar acesta nu e singurul efect al împăturitului. Adevăratul beneficiu este că trebuie să iei în mână fiecare piesă de îmbrăcăminte. În timp ce-ți treci mâinile peste haină, îi transmiți energia ta. Cuvântul japonez pentru vindecare este *te-ate care*, literal, înseamnă „a-ți aplica mâinile". Termenul a luat naștere înainte de medicina modernă, când oamenii credeau că a pune mâna pe o rană aducea vindecarea. Știm că atingerea fizică blândă a unui părinte, cum ar fi ținutul de mână, mângâiatul unui copil pe cap, și îmbrățișarea au efect liniștitor asupra copilului. La fel, un masaj ferm, dar blând, făcut de mâini omenești, ajută mult mai mult la relaxarea mușchilor încordați decât să fii zguduit de un aparat. Energia care se scurge din mâna unei persoane în pielea noastră pare să vindece atât trupul, cât și sufletul.

Acest lucru este valabil și pentru haine. Când le luăm în mâini și le împăturim cu grijă, cred că transmitem energie, ceea ce are un efect pozitiv asupra lor.

Împăturitul corect întinde haina și îndreaptă cutele, făcând materialul mai rezistent și mai vibrant. Hainele care au fost împăturite cu grijă au o elasticitate și o strălucire care se văd imediat, distingându-le cu claritate de cele care au fost aruncate la întâmplare într-un sertar. Actul de a împături înseamnă mult mai mult decât a face hainele compacte pentru depozitat. Este un act de grijă, o expresie a plăcerii și aprecierii pentru felul în care acestea îți sprijină modul de viață. De aceea, când împăturim, trebuie s-o facem cu toată inima, mulțumindu-le hainelor pentru că ne protejează trupul.

În plus, a le împături după ce au fost spălate și uscate este o ocazie să le observi în cel mai mic detaliu. De exemplu, ți-ar putea sări în ochi locuri în care materialul s-a destrămat sau să observi că o anumită piesă de îmbrăcăminte s-a uzat. Împăturitul este, cu adevărat, o formă de dialog cu garderoba ta. Hainele tradiționale japoneze — chimonoul și yukata — au fost împăturite întotdeauna în unghiuri drepte ca să încapă perfect în sertare făcute după dimensiunile lor uniforme. Nu cred că există vreo altă cultură în lume în care spațiile de depozitare și îmbrăcămintea să se potrivească atât de precis. Poporul japonez a înțeles cu repeziciune plăcerea pe care o poate da împăturitul hainelor, de parcă ar fi fost programat genetic pentru această sarcină.

Cum să împăturești

Cel mai bun mod de a împături pentru un aspect perfect

Hainele sunt spălate și gata să fie puse la loc, dar acesta este punctul în care mulți oameni se împotmolesc. Împăturitul pare o muncă în plus, mai ales că oricum hainele vor fi purtate din nou în curând. Mulți oameni nu se deranjează să facă asta și, curând, au un teanc de haine pe podea. Apoi, cad în obiceiul zilnic de a alege ceva de purtat din grămadă, în timp ce mormanul continuă să crească, împrăștiindu-se până la urmă și luând în stăpânire toată camera.

Dacă te regăsești în descriere, nu-ți face griji. Niciunul dintre clienții mei nu știa cum să împăturească hainele corect înainte să înceapă lecțiile cu mine. De fapt, câțiva dintre ei au declarat că nu le împăturesc niciodată, din principiu. Am deschis dulapuri în care hainele arătau de parcă fuseseră împachetate în saci vidați și am văzut sertare pline cu haine înfășurate și răsucite ca tăiețeii. Ai fi crezut că niciunul dintre clienții mei nu auzise vreodată cuvântul „a împături". Dar, după ce au terminat cursul meu, toți, fără excepție, mi-au declarat: „Împăturitul e distractiv!"

Una dintre clientele mele, o tânără în jur de 20 de ani, ura atât de mult să împăturească hainele, încât venea mama și făcea asta în locul ei. În timpul cursului a început însă să adore asta și a învățat-o chiar și pe mamă cum să împăturească hainele corect. Odată ce vei stăpâni tehnica, îți va plăcea s-o faci în fiecare zi și vei găsi că este o îndemânare folositoare pentru tot restul vieții tale. De fapt, să treci prin viață fără să știi cum să împăturești este o pierdere uriașă.

Primul pas este să vizualizezi cum va arăta sertarul tău când vei termina. Scopul ar trebui să fie să organizezi conținutul așa încât să vezi unde se află orice obiect dintr-o privire, așa cum vezi cotoarele cărților din bibliotecă. Secretul este să depozitezi lucrurile mai degrabă vertical decât orizontal. Unii oameni copiază felul în care sunt expuse hainele în magazin, împăturind fiecare piesă sub forma unui pătrat mare și așezându-le apoi unele peste altele, în straturi. Asta e minunat pentru vânzările temporare din magazine, dar nu e ceea ce ne-am dori acasă, unde relația noastră cu aceste haine este una pe termen lung.

Pentru a le depozita pe verticală, hainele trebuie să fie compacte, ceea ce înseamnă mai multe îndoituri. Unii oameni cred că mai multe îndoituri înseamnă mai multe cute, dar nu este cazul. Nu numărul îndoiturilor creează cutele, ci, mai degrabă, presiunea aplicată. Chiar și cele împăturite ușor se pot șifona dacă sunt depozitate într-un teanc, pentru că greutatea hainelor acționează ca o presă. Gândește-te la diferența dintre a împături o foaie de hârtie în comparație cu 100 deodată. Este mult mai greu să obții o cută bine definită când îndoi un teanc întreg de hârtii în același timp.

După ce ai o imagine despre cum vor arăta sertarele tale, poți începe să împăturești. Scopul este să împăturești fiecare piesă într-un dreptunghi simplu, neted. Întâi, împăturește marginile pe lungime în interiorul hainei, apoi bagă mânecile înăuntru ca să formeze un dreptunghi. Nu contează cum îndoi mânecile. Apoi, ia un capăt al dreptunghiului și îndoaie-l spre capătul celălalt. După aceea, împăturește din nou în jumătăți sau în trei. Numărul de împăturiri trebuie adaptat astfel încât, atunci când haina stă la margine, să corespundă înălțimii sertarului. Acesta este principiul de bază. Dacă observi că rezultatul final are forma corectă, dar este prea ușor și prea moale ca să stea vertical, acesta este un semn că felul în care ai împăturit nu se potrivește cu tipul de îmbrăcăminte. Fiecare piesă are cel mai bun punct de contact — unde se simte exact cum trebuie, un fel de împăturire care i se potriveşte cel mai bine. Acesta diferă în funcţie de tipul de material şi de mărimea hainei; de aceea, vei fi nevoit să adaptezi metoda până descoperi ce funcţionează. Nu este greu. Ajustând înălţimea când împătureşti astfel încât să stea cum trebuie, vei descoperi cel mai bun punct de contact surprinzător de uşor.

Activitatea merge şi mai uşor dacă împătureşti materialul subţire şi moale mai strâns, reducând din lăţime şi înălţime, iar materialul gros şi pufos, mai puţin. Dacă una dintre marginile piesei de îmbrăcăminte este mai groasă decât cealaltă, este util să ţii capătul mai subţire în mână atunci când împătureşti. Nu există nimic mai satisfăcător decât să găseşti „cel mai bun punct de contact". Haina îşi păstrează forma când este aşezată vertical şi se simte exact cum trebuie când o ţii în mână. E ca un moment revelator: *Deci aşa ai vrut dintotdeauna să fii împăturită!* — un moment special în care mintea ta şi haina se conectează. Îmi place cum se luminează feţele clienţilor mei în acea clipă.

Aranjarea hainelor

Secretul „energizării" garderobei tale

E un sentiment grozav să deschizi dulapul şi să vezi hainele care îţi plac aranjate ordonat pe umeraşe. Dar dulapurile clienţilor mei sunt adesea atât de vraişte încât îţi trebuie curaj să le deschizi şi, odată deschise, este imposibil să găseşti ceva în ele.

Există două cauze posibile: prima este că dulapul e pur şi simplu prea plin. Una dintre clientele mele îngrămădise atâtea haine acolo, încât a durat trei minunte întregi să extragă una singură. Umeraşele erau atât de apropiate, încât atunci când, după multe gemete şi smulgeri, a reuşit în sfârşit să scoată o singură piesă, hainele din ambele părţi au sărit în afară ca feliile de pâine dintr-un toaster. Am înţeles de ce nu mai folosise dulapul acela de câţiva ani. Acesta este un exemplu extrem, dar e adevărat că cei mai mulţi oameni depozitează mai mult decât necesar în dulapurile lor. Acesta este unul dintre motivele pentru care recomand să împătureşti toate hainele care permit asta.

Desigur că unele haine pot fi depozitate mai bine pe umeraşe. Acestea sunt paltoane, costume, jachete, fuste şi rochii. Standardul meu este: atârnă toate hainele care ar arăta mai „fericite" agăţate, cum ar fi cele din materiale vaporoase care flutură în bătaia vântului sau cele cu croieli complexe, care protestează la împăturire. Pe acestea ar trebui să le atârnăm cu plăcere.

Cealaltă cauză a unui dulap dezordonat este lipsa de cunoştinţe. Mulţi oameni nu ştiu pur şi simplu cum să organizeze hainele pe umeraşe. Regula de bază este să agăţi hainele din aceeaşi categorie unele lângă altele, împărţindu-ţi spaţiul de atârnat într-o secţiune pentru jachete, una pentru costume etc. Hainele, ca şi oamenii, se pot relaxa mai bine în compania celor foarte asemănătoare ca tip, astfel încât organizarea în funcţie de categorie le ajută să se simtă mai confortabil şi mai în siguranţă. Poţi, literalmente, să-ţi transformi garderoba doar aplicând acest principiu.

Desigur, mulţi oameni insistă că, şi dacă organizează hainele pe categorii, tot nu trece mult până este iar dezordine. Dă-mi voie să-ţi dezvălui un secret pentru menţinere în ordine a garderobelor şi dulapurilor la care ai muncit atât de mult să le organizezi. Araneajază-ţi hainele astfel încât să fie orientate spre partea dreaptă. Într-o pauză, desenează o săgeată cu vârful spre dreapta sus şi alta cu vârful spre dreapta jos. Poţi să faci asta pe hârtie sau doar în aer. Ai observat că, atunci când desenezi săgeata cu vârful în dreapta sus, te simţi mai uşor? Liniile ascendente spre dreapta fac oamenii să se simtă confortabil. Folosind acest principiu când îţi organizezi garderoba, poţi să faci conţinutul să arate mult mai atrăgător.

Pentru a realiza asta, agaţă hainele grele în partea stângă şi pe cele mai uşoare spre dreapta. Piesele grele sunt cele lungi, din material mai greu şi cele închise la culoare. Avansând spre partea dreaptă a spaţiului pentru agăţat, hainele sunt mai scurte, materialele, mai subţiri, şi culorile, mai deschise. Pe categorii, paltoanele vor fi spre capătul stâng, urmate de rochii, jachete, pantaloni, fuste şi bluze. Aceasta este ordinea de bază, dar, în funcţie de tendinţele din garderoba ta, „greu" poate însemna ceva diferit în fiecare categorie. Încearcă să creezi un echilibru care face să pară că hainele urcă spre dreapta. În plus, organizează piesele din fiecare categorie de la cele mai grele la cele uşoare. Când stai în faţa unei garderobe care a fost reorganizată astfel încât hainele să urce spre dreapta, îţi vei simţi inima bătând mai repede şi celulele freămătând de energie. Această energie se va transmite şi hainelor tale. Chiar şi după ce închizi uşa, camera ta va părea mai proaspătă. După ce ai trăit asta, nu-ţi vei pierde niciodată obiceiul de a organiza în funcţie de categorie.

Unii s-ar putea întreba dacă a acorda atenţie acestui tip de detalii poate produce o schimbare atât de mare, dar de ce să-ţi pierzi timpul îndoindu-te odată ce, încorporând această magie în toate spaţiile tale de depozitare, poţi să-ţi menţii camera în ordine? Îţi va lua doar 10 minute să-ţi rearanjezi garderoba în funcţie de categorie, aşa că ai încredere în mine şi încearcă. Dar nu uita că, mai întâi, trebuie să-ţi reduci garderoba numai la acele lucruri care îţi plac cu adevărat.

Depozitarea şosetelor

Tratează-ţi şosetele şi dresurile cu respect

Ţi s-a întâmplat vreodată să crezi că faci un lucru bun şi să afli mai târziu că ai rănit pe cineva? În momentul acela, nu aveai nicio grijă, erai complet insensibil la sentimentele celeilalte persoane. Acest lucru este, într-o oarecare măsură, similar cu felul în care mulţi dintre noi ne tratăm şosetele.

Am vizitat casa unei cliente în jur de 50 de ani. Ca întotdeauna, am început cu hainele. Am trecut prin garderoba ei fără să ne întrerupem, am terminat cu lenjeria intimă şi eram gata să începem să organizăm şosetele. Dar, când a deschis sertarul pentru şosete, am rămas şocată. Era plin de bulgări cât cartofii care se rostogoleau încoace şi-ncolo. Întorsese pe dos vârfurile ca să formeze mingi şi înghesuise ciorapii strâns în mijloc. Rămăsesem fără glas. Îmbrăcată cu un şorţ alb ca zăpada, clienta mi-a zâmbit şi a spus: „În felul ăsta e uşor să aleg ce am nevoie şi e şi foarte facil să le depozitez, nu crezi?"

Cu toate că întâlnesc destul de des genul acesta de atitudine în timpul lecţiilor mele, ele nu încetează să mă uimească. Dă-mi voie să decretez aici şi acum: niciodată, dar niciodată, să nu-ţi legi ciorapii şi dresurile. Niciodată, dar niciodată să nu-ţi faci şosetele ghemotoc.

I-am arătat ghemotoacele de şosete. „Uită-te la ele cu atenţie. Acesta e timpul lor de odihnă. Crezi că se pot odihni vreun pic aşa?"

Da, așa e. Șosetele și ciorapii tăi sunt, în fond, în vacanță. Ei suferă lovituri brutale în timpul muncii cotidiene, prizonieri între piciorul tău și pantof, îndurând presiune și frecări ca să-ți protejeze prețioasele picioare. Timpul petrecut în sertarul tău este singura lor ocazie să se odihnească. Dar, dacă sunt întorși pe dos, făcuți ghemotoc sau legați, sunt mereu într-o stare de tensiune, cu material întins și elasticul tras. Se rostogolesc și se lovesc unii de alții ori de câte ori sertarul este deschis și închis. Șosetele și dresurile destul de ghinioniste să fie împinse în spatele sertarului sunt adesea uitate atât de mult timp, încât elasticul li se întinde de tot, fără să-și mai revină. Când proprietarul le va descoperi într-un final și le va îmbrăca, va fi prea târziu și vor fi alungate la gunoi. Ce tratament poate fi mai rău decât acesta?

Să începi cu împăturirea dresurilor. Dacă le-ai legat, mai întâi desfă nodul! Pune tălpile una deasupra celeilalte și împăturește dresurile la jumătate. Apoi îndoaie-le la o treime, asigurându-te că tălpile sunt înăuntru, nu în afară, și că banda din talie rămâne vizibilă puțin la vârf. În final, rulează dresurile până la banda din talie. Dacă banda din talie este pe dinafară când ai terminat, ai făcut bine. Împăturește ciorapii trei sferturi în același fel. Materialul mai gros, cum ar fi cel al ciorapilor de iarnă, este mai ușor de rulat dacă îi împăturești mai degrabă în jumătate, decât în trei părți. Ideea e că ciorapii trebuie să fie fermi și stabili când ai terminat, cam ca rulourile de sushi.

Când îți pui dresurile în sertar, aranjează-le pe margine, astfel încât partea rulată să fie vizibilă. Dacă le ții în sertare de plastic, îți recomand să le așezi întâi într-o cutie de carton, ca să nu alunece și să se rostogolească, și să pui cutia în sertar. O cutie de pantofi are dimensiunea perfectă ca separator pentru dresuri. Această metodă e câștigătoare pentru ambele părţi. Îţi permite să vezi câte perechi de dresuri ai, dintr-o privire, le protejează să nu se deterioreze, şi le menţine netede şi neşifonate astfel încât sunt mai uşor de îmbrăcat. Şi îţi face şi dresurile mai fericite.

Împăturirea şosetelor e încă şi mai uşoară. Dacă ai întors vârfurile pe dos, începe prin a le întoarce pe faţă. Aşază o şosetă deasupra celeilalte şi urmează acelaşi principiu ca la împăturirea hainelor. Tălpicii, care acoperă numai laba piciorului, e suficient să-i împătureşti o singură dată, şosetele pe gleznă, de trei ori, cele trei sferturi şi cele deasupra genunchiului de patru până la şase ori. Poţi să ajustezi numărul de împăturiri la înălţimea sertarului. E uşor. Încearcă doar să faci un simplu dreptunghi — cheia împăturirii. Depozitează şosetele vertical, cum ai făcut şi cu hainele. Vei fi uimit de cât de puţin spaţiu ai nevoie, faţă de zilele „ghemotoacelor în formă de cartof", şi vei observa oftatul de uşurare al şosetelor când vor fi dezlegate.

Când văd studente purtând şosete lungi care sunt slăbite la margine, tânjesc să le spun cum să le împăturească corect.

Hainele sezoniere

Nu e nevoie să depozitezi hainele de extrasezon

Iunie în Japonia este sezonul ploios. Este, în mod tradiţional, şi luna pentru *koromogae*, când oamenii trec la hainele de vară. Acest moment este precedat de câteva săptămâni de curăţenie şi de împachetat hainele de iarnă pentru ca veşmintele de vară să fie scoase. Ori de câte ori se apropie această perioadă din an, îmi amintesc că şi eu obişnuiam să fac acest lucru. Totuşi, nu mi-am mai bătut capul de ani întregi să împachetez hainele de extrasezon. Obiceiul *koromogae* își are originile în China și a fost introdus la curte în perioada Heian (794–1185). Abia în secolul al XIX-lea târziu, când muncitorii și elevii au început să poarte uniforme, a fost introdus în întreprinderi și în școli.

Companiile și școlile treceau oficial la uniforma de vară la începutul lui iunie și la cea de iarnă la începutul lunii octombrie. Cu alte cuvinte, această regulă a fost aplicată numai în interiorul organizațiilor, iar extinderea la gospodăriile obișnuite nu a fost neapărat necesară.

Dar, ca orice alt japonez, și eu eram convinsă că trebuia să depozitez și să despachetez hainele de extrasezon de două ori pe an, în iunie și în octombrie. Îmi petreceam aceste două luni golind și reumplând dulapurile și sertarele. Ca să fiu cinstită, acest obicei mi se părea o bătaie de cap. Dacă o rochie pe care doream s-o port era depozitată într-o cutie pe raftul de sus al dulapului, era prea mare deranjul s-o dau jos și să scormonesc după ea. În loc de asta, găseam un compromis și purtam altceva. Au fost câțiva ani în care n-am reușit să-mi despachetez hainele de vară până în iulie și mi-am dat seama că, între timp, cumpărasem haine similare cu cele pe care le aveam deja. De multe ori, abia îmi scoteam hainele de vară că vremea se făcea rece din nou.

Obiceiul depozitării hainelor de extrasezon este depășit. Odată introduse aerul condiționat și încălzirea centrală, casele noastre depind mai puțin de vremea de afară. Nu este neobișnuit să vezi persoane purtând tricouri în casă chiar și iarna. Așadar, este vremea să abandonăm acest obicei și să ne păstrăm hainele pregătite să fie folosite tot anul, indiferent de sezon.

Clienților mei le place această abordare, mai ales pentru că pot vedea în permanență exact ce haine au. Nu sunt necesare tehnici complicate. Tot ce trebuie să faci este să-ți organizezi hainele pornind de la premisa că nu trebuie să depozitezi hainele de extrasezon. Trucul este să nu exagerezi cu categoriile. Împarte-ți, în mare, hainele în cele de tip bumbac și cele de tip lână atunci când le pui în sertar. Categorisirea în funcție de sezon — vară, iarnă, toamnă sau primăvară ori de activitate, cum ar fi haine de muncă și de timp liber, ar trebui evitată, întrucât este prea vagă. Dacă spațiul clientului este limitat, recomand depozitarea obiectelor mici, specifice extrasezonului, cum ar fi costume de baie și pălării de soare pentru vară, și eșarfe, pălării și mănuși pentru iarnă. Cum nu sunt piese de îmbrăcăminte mici, hainele de iarnă pot fi lăsate în dulap în extrasezon.

Acelora dintre voi care tot nu au destul spațiu, o să le împărtășesc câteva trucuri pentru depozitarea hainelor de extrasezon. Mulți oameni își pun hainele de extrasezon în cutii de plastic cu capac. Acestea sunt, totuși, recipientele de depozitare cel mai greu de folosit. Odată în dulap, una va fi inevitabil în vârf, iar a o da jos și a o deschide pare să necesite prea mult efort în plus. Până la urmă, este foarte ușor să și uiți că se află acolo, până când aproape se termină sezonul. Dacă intenționezi să cumperi recipiente de depozitare în viitorul apropiat, îți recomand, mai degrabă, o comodă cu sertare. Ai grijă să nu îngropi hainele în dulap chiar dacă sunt de extrasezon. Hainele care au fost închise, timp de jumătate de an, arată fără vlagă, de parcă ar fi fost sufocate. În loc de asta, mai bine lasă, din când în când, lumina și aerul să pătrundă la ele. Deschide câteodată sertarul și trece-ți mâinile prin conținutul lui. Comunică-le că îți sunt dragi și abia aștepți să le porți când va veni iar sezonul lor. Acest tip de „comunicare" îți ajută hainele să rămână vibrante și prelungește relația dintre tine și ele.

Depozitarea cărților

Pune-ți toate cărțile pe podea

Odată ce ai terminat cu organizarea și depozitarea hainelor, e timpul să treci la cărți. Cărțile sunt unele dintre obiectele principale pe care oamenii le aruncă cel mai greu. Mulți oameni declară cărțile acelea singurele obiecte de care nu se pot despărți indiferent dacă sunt cititori pasionați sau nu, dar problema reală este felul în care se despart de ele.

Una dintre clientele mele, o femeie în jur de 30 de ani, care lucra pentru o companie de consultanță străină, iubea cărțile. Nu numai că citise toate cărțile actuale de business, ci și o gamă largă de romane și cărți ilustrate. În mod firesc, camera îi era plină cu cărți. Nu doar că avea trei etajere mari înalte până la tavan pline cu cărți, dar la asta se adăugau 20 de teancuri, înalte până la brâu, de cărți așezate precar pe podea. A trebuit să merg pe margine și să mă răsucesc ca să nu dau peste ele.

I-am spus ce le spun tuturor clienților mei: „Te rog, începe prin a-ți pune toate cărțile de pe rafturi, pe podea".

A făcut ochii mari: „Toate? Sunt foarte multe!" „Da, știu. Toate, te rog." „Dar..."

A ezitat un moment ca și cum și-ar fi căutat cuvintele înainte de a continua.

„N-ar fi mai ușor să le alegem cât sunt pe raft și pot să văd titlurile?"

Cărțile sunt așezate de obicei în șiruri pe rafturi destinate lor, astfel încât titlurile să le fie perfect vizibile, așa încât pare să aibă sens să le elimini pe cele pe care nu le vrei, atât timp cât le vezi. Pe lângă asta, cărțile sunt grele. Să le dai pe toate jos de pe raft numai ca să le pui la loc din nou pare un efort inutil... Chiar şi aşa, nu sări peste această etapă. Dă jos toate cărţile de pe rafturi. Nu poţi judeca dacă o carte te prinde sau nu câtă vreme este încă pe raft. La fel ca hainele sau alte lucruri, cărţile care au fost lăsate mult timp neatinse pe raft „dormitează". Sau poate ar trebui să spun sunt invizibile. Deşi perfect la vedere, rămân nevăzute, ca un greier care stă nemişcat în iarbă, confundându-se cu împrejurimile.

Dacă te întrebi „îmi inspiră bucurie?" doar uitându-te la obiectele de pe raft sau din sertare, chestiunea nu va avea prea mult sens pentru tine. Pentru a decide cu adevărat dacă vrei să păstrezi sau să arunci ceva, trebuie să scoţi obiectele din hibernare.

Chiar şi teancurile de cărţi de pe podea vor fi mai uşor de evaluat dacă sunt mutate în altă parte a camerei sau restivuite. Aşa cum scuturăm uşor o persoană pe care vrem s-o trezim, putem să ne stimulăm lucrurile mutându-le, expunându-le la aer proaspăt şi făcându-le „conştiente".

Când îmi ajut clienţii să-şi facă ordine în casele sau birourile lor, stau în faţa unui morman de cărţi pe care le-au adunat pe podea şi bat din palme sau mângâi uşor coperţile cărţilor. Deşi clienţii mă privesc ciudat la început, sunt inevitabil surprinşi când văd cât de repede şi precis pot alege după asta. Pot vedea exact de ce au nevoie şi de ce nu. Este mult mai greu să alegi cărţile când sunt pe raft, ceea ce înseamnă că va trebui să repeţi procesul mai târziu. Dacă sunt prea multe cărţi ca să poată fi aşezate pe podea toate deodată, le cer clienţilor mei să le împartă în patru categorii mari:
- generale (cărţi pe care le citeşti de plăcere);
- practice (informaţii, cărţi de gătit);
- vizuale (colecţii de fotografii etc.);
- reviste.

După ce ți-ai așezat cărțile una peste alta, ia-o pe fiecare în mână și decide dacă vrei s-o păstrezi sau s-o arunci. Criteriul este, bineînțeles, dacă îți dă un fior de bucurie atunci când o atingi. Reține, am zis atunci când o *atingi*. Asigură-te că nu începi s-o citești. Cititul îți estompează judecata. În loc să te întrebi ce simți, te vei întreba dacă ai nevoie de carte sau nu. Imaginează-ți cum ar fi să ai un raft plin numai cu cărți pe care le iubești cu adevărat. Nu te vrăjește această imagine? Pentru cineva care iubește cărțile, ce fericire ar putea fi mai mare?

Cărțile necitite

„Cândva" înseamnă „niciodată"

Cele mai obișnuite motive pentru a nu arunca o carte sunt „s-ar putea s-o citesc" sau „s-ar putea să vreau s-o recitesc". Ia-ți un răgaz și numără favoritele, cărți pe care chiar le-ai citit de mai multe ori. Câte sunt? Pentru unii, s-ar putea să fie nu mai multe de cinci, în vreme ce pentru unii cititori excepționali ar putea fi nu mai puține de 100. Oamenii care recitesc atât de multe sunt, însă, de obicei, oameni cu profesii specifice, cum ar fi savanți sau autori. Foarte rar veți găsi oameni extrem de obișnuiți, așa ca mine, care să citească atâtea cărți. Să recunoaștem. Până la urmă, vei reciti foarte puține dintre cărțile tale. Ca și în cazul hainelor, trebuie să ne gândim ce scop servesc aceste cărți.

Cărțile sunt, în fond, hârtie — foi de hârtie imprimate cu litere și legate împreună. Scopul lor real este să fie citite, să transmită informație cititorilor. Informația conținută le dă sens. Ele nu au niciunul doar stând pe raftul tău. Citești cărți pentru experiența cititului. Cărțile pe care le-ai citit au fost deja însuşite, iar conţinutul lor se află în tine, chiar dacă nu ţi-l aminteşti. Aşa că, atunci când decizi ce cărţi să păstrezi, nu te mai gândi că le vei reciti sau dacă ţi-ai însuşit conţinutul. În schimb, ia fiecare carte în mână şi hotărăşte dacă te emoţionează sau nu. Păstrează numai acele cărţi care te fac fericit numai văzându-le pe rafturi, cele pe care le îndrăgeşti cu adevărat. Asta include şi această carte. Dacă nu simţi bucurie când o ţii în mână, aş prefera s-o arunci.

Cum procedezi cu cărţile pe care le-ai început, dar nu le-ai terminat încă de citit? Sau cu cărţile pe care le-ai cumpărat, dar încă nu le-ai început? Ce ar trebui făcut cu acele cărţi, pe care intenţionezi să le citeşti cândva? Internetul a simplificat achiziţia de cărţi, dar, în consecinţă, mi se pare că oamenii au, de departe, mai multe cărţi necitite decât înainte. Nu este neobişnuit ca oamenii să cumpere o carte şi apoi încă una nu mult după aceea, înainte s-o fi citit pe prima. Cărţile necitite se acumulează. Problema cu cărţile pe care intenţionăm să le citim cândva este că sunt mult mai greu de aruncat decât cele pe care le-am citit deja.

Îmi amintesc când îi predam unui preşedinte de companie o lecţie despre modul în care să-şi facă ordine în birou. Rafturile sale erau pline cu cărţi având titluri care sunau complicat, pe care te aştepţi ca un preşedinte de companie să le citească, precum autori clasici ca Drucker şi Carnegie, dar şi ultimele bestselleruri. Era ca şi cum ai fi intrat într-o librărie. Când i-am văzut colecţia, am avut senzaţia că mă scufund. Cum era de aşteptat, când a început să le sorteze, punea o carte după alta în teancul „de păstrat", anunţând că erau încă necitite. Când a terminat, mai avea 50 de volume şi abia dacă se atinsese de colecţia de la început. Când l-am întrebat de ce le păstrase, am primit clasicul răspuns din lista mea cu cele mai probabile răspunsuri: „Pentru că s-ar putea să vreau s-o recitesc cândva". Mă tem că, din proprie experiență, îți pot spune că, din capul locului, „cândva" nu vine niciodată.

Dacă ai ratat șansa de a citi o carte anume, chiar dacă ți-a fost recomandată de cineva sau doreai de ani buni s-o citești, atunci aceasta este ocazia s-o îndepărtezi. Poate ai vrut s-o citești când ai cumpărat-o, dar, dacă n-ai citit-o până acum, scopul cărții a fost să te învețe că n-aveai nevoie de ea. N-are rost să termini cărțile din care ai citit doar jumătate. Scopul lor era să fie citite doar pe jumătate. Așadar, scapă de toate acele cărți necitite. Ar fi mult mai bine să citești cartea care te prinde chiar acum decât una pe care ai lăsat praful să se așeze vreme de ani buni.

Oamenii care au colecții mari de cărți sunt, mai întotdeauna, autodidacți sârguincioși. De aceea nu este neobișnuit să văd, în bibliotecile clienților mei, multe ghiduri de studii și informații. Îndreptarele și ghidurile pentru obținerea diverselor calificări sunt, adesea, incredibil de diverse, de la contabilitate, filosofie și calificări în domeniul informaticii până la aromaterapie și pictură. Câteodată sunt uimită de tipurile de calificări care-i interesează pe clienții mei. Mulți dintre ei își păstrează și manualele din timpul anilor de școală și carnetele cu exercițiile de scriere.

Așadar, dacă, precum mulți dintre clienții mei, ai cărți din această categorie, te îndemn să nu mai insiști că le vei folosi cândva și să scapi de ele azi. De ce? Pentru că e foarte puțin probabil să le citești vreodată. Dintre toți clienții mei, mai puțin de 15% au folosit vreodată astfel de cărți. Când explică de ce se agață de ele, răspunsurile lor se referă numai la ce intenționează să facă „într-o zi". „Vreau să studiez asta într-o zi." „O să studiez asta când o să am ceva mai mult timp." „M-am gândit că-mi va folosi să învăț engleza." „Am vrut să studiez contabilitatea pentru că lucrez în management." „Dacă încă n-ai făcut ce intenționai să faci, aruncă acea carte." Numai aruncând-o poți să testezi cât ești de pasionat de acel subiect. Dacă sentimentele nu ți se schimbă după ce ai aruncat-o, atunci ești bine așa. Dacă vrei cartea atât de mult după ce ai aruncat-o încât ești dispus să cumperi alta, atunci cumpără una și, de data asta, citește-o și studiaz-o.

Cărțile de păstrat

Cele care aparțin galeriei de celebrități

În prezent, îmi păstrez colecția la 30 de volume în orice moment, dar în trecut îmi venea foarte greu să arunc cărți, pentru că le iubesc. Prima dată când mi-am sortat biblioteca după criteriul dacă îmi aduc sau nu bucurie, aveam 100 de cărți rămase pe rafturi. Deși asta nu este prea mult în comparație cu media, simțeam că o pot reduce mai mult. Într-o zi, am decis să privesc mai îndeaproape ceea ce aveam. Am început cu cărțile pe care le consideram tabu. În cazul meu, prima pe listă era *Alice în Țara Minunilor*, pe care o citeam repetat din clasele primare. Cărți ca acestea, care aparțin galeriei de celebrități a fiecăruia, sunt ușor de identificat. Apoi m-am uitat la cărți care îmi inspirau bucurie, dar nu ajungeau tocmai în galeria de celebrități. Pe măsură ce timpul trece, conținutul categoriei se modifică în mod firesc, dar acestea sunt cărțile pe care doresc cu certitudine să le păstrez acum. Pe vremea aceea, una dintre aceste cărți era *The Art of Discarding*, care mi-a deschis pentru prima dată ochii în ceea ce privește a face ordine, deși n-o mai am. Cărți care provoacă acest grad de plăcere sunt, de asemenea, bune de păstrat.

Cele mai dificile sunt cele care îți oferă plăcere moderată — care au cuvinte și fraze ce te-au mișcat și pe care ai vrea să le recitești. Acestea sunt cel mai greu de aruncat. Deși nu eram presată să scap de ele, nu puteam să trec peste faptul că îmi ofereau doar o plăcere moderată. Am început să caut o modalitate prin care să renunț la acestea fără regret și, până la urmă, am descoperit ceea ce am numit „metoda reducerii cantitative". Dându-mi seama că ceea ce doream cu adevărat să păstrez era nu cartea, ci anumite informații sau cuvinte pe care le conținea, am decis că, dacă păstrez doar ce este necesar, ar trebui să pot arunca restul. Ideea mea era să copiez propozițiile care mă inspirau într-un carnețel. În timp, m-am gândit, acesta va deveni colecția personală a vorbelor mele de duh favorite. Ar fi putut fi interesant s-o recitesc în viitor și să urmăresc traseul intereselor mele. Cu mult entuziasm, am luat un carnețel care îmi plăcea și am dat drumul proiectului meu. Am început să subliniez pasajele pe care voiam să le copiez. Apoi, am scris titlul în carnetul meu și am început să transcriu. Însă, după ce m-am apucat, mi-am dat seama că procesul implica mult prea multă muncă. Copiatul ia timp și trebuia să scriu ordonat dacă doream să pot citi cuvintele acelea în viitor. Să copiez 10 citate dintr-o carte ar fi durat, pe puțin, jumătate de oră. Gândul de a face asta cu patruzeci de cărți mă amețea.

Următorul meu plan a fost să folosesc o mașină de copiat. Aș fi copiat secțiunile pe care voiam să le păstrez, le-aș fi tăiat și le-aș fi lipit în carnețelul meu. Asta, m-am gândit, ar fi mult mai rapid și mai ușor. Dar, când am încercat, era și mai multă muncă. Până la urmă, am decis să rup pagina relevantă din carte. Să lipesc paginile în carnețel era, de asemenea, o corvoadă, așa că am simplificat procesul, strecurându-le într-un dosar. Aceasta a durat cinci minute pentru fiecare carte şi am reuşit să scap de 40 de cărţi şi să păstrez cuvintele care îmi plăceau. Am fost foarte încântată de rezultate. La doi ani după lansarea acestei „metode de reducere cantitativă" am avut o revelaţie. Nici măcar o dată nu mă uitasem în dosarul pe care îl creasem. Tot efortul fusese numai pentru uşurarea propriei conştiinţe.

De curând, mi-am dat seama că a avea mai puţine cărţi creşte impactul informaţiei pe care o citesc. Recunosc informaţia necesară mult mai uşor. Mulţi dintre clienţii mei, mai ales aceia care au aruncat un număr semnificativ de cărţi şi hârtii, mi-au spus acelaşi lucru. În ceea ce priveşte cărţile, citirea la timp este totul. Momentul în care ai descoperit o carte este şi cel potrivit s-o citeşti. Ca să eviţi să pierzi acel moment, îţi recomand să-ţi menţii colecţia redusă.

Sortarea hârtiilor

Metoda empirică. Aruncă tot!

După ce ai terminat de organizat cărţile, este timpul să treci la hârtii. De exemplu, suportul de scrisori atârnat pe perete care explodează de plicuri, anunţuri de la şcoală lipite pe frigider, invitaţia la reuniunea şcolară lăsată fără răspuns, zăcând lângă telefon, ziarele adunate pe masă în ultimele zile. Există câteva locuri în casă unde hârtiile tind să se adune ca troienele de zăpadă.

Deşi presupunerea generală este că există mult mai puţine hârtii într-o casă decât într-un birou, asta nu este, de fapt, adevărat. Cantitatea minimă de maculatură pe care o aruncă clienţii mei este de 2 saci de gunoi de 45 de litri. Maximumul de până acum este de 15 saci. De multe ori, tocătoarele de hârtie ale clienţilor mei s-au blocat. Este foarte dificil să te descurci cu un volum atât de mare de hârtie; totuși, întâlnesc uneori clienți ale căror capacități de îndosariere a hârtiilor mă uimesc. Când întreb „Cum vă organizați hârtiile?", explicațiile lor sunt extrem de riguroase.

„Hârtiile referitoare la copii intră în dosarul ăsta. Dosarul de acolo este dosarul meu de rețete. Tăieturile din reviste vin aici, iar manualele pentru aparatura electronică merg în cutia asta..."

Și-au clasificat documentele atât de în detaliu, încât mintea începe să-mi hoinărească în mijlocul argumentației lor. Recunosc, urăsc să îndosariez hârtii! Nu folosesc niciodată dosare multiple și nu scriu etichete. Poate că acest sistem funcționează mai bine într-un birou, unde mulți oameni utilizează aceleași documente, dar nu este absolut nicio nevoie să folosești un sistem atât de detaliat de îndosariere a documentelor acasă.

Principiul meu de bază pentru sortarea hârtiilor este să le arunc pe toate. Clienții mei sunt șocați când spun asta, dar nu există nimic mai enervant decât hârtiile. La urma-urmei, nu-ți vor inspira niciodată bucurie, indiferent cât de grijuliu le păstrezi. Din acest motiv, îți recomand să arunci tot ce nu se încadrează într-una din aceste trei categorii: de folosință curentă, necesare o perioadă limitată de timp și trebuie păstrate pe timp nedefinit.

Apropo, termenul „hârtii" nu include documentele cu valoare sentimentală, cum ar fi vechile scrisori de dragoste sau jurnalele. Încercarea de a le sorta îți va încetini dramatic ritmul. Limitează-te, la început, la hârtii care nu-ți dau nicio emoție și termină treaba dintr-o singură mișcare. Scrisorile de la prieteni și iubiți pot fi lăsate pentru când vei ataca obiectele cu valoare sentimentală. După ce ai trecut prin acele hârtii care nu te emoționează, ce ar trebui să faci cu cele pe care ai decis să le păstrezi? Metoda mea de îndosariere este extrem de simplă. Le împart în două categorii: hârtii care trebuie păstrate şi hârtii de care trebuie să mă ocup. Deşi politica mea este să arunc toate hârtiile, acestea sunt singurele categorii pe care le creez pentru cele care nu pot fi aruncate. Scrisori la care trebuie să răspund, formulare care trebuie depuse, un ziar pe care vreau să-l citesc — fă un colţ special pentru hârtii de acest fel de care trebuie să te ocupi. Asigură-te că le păstrezi pe toate într-un singur loc. Nu le lăsa niciodată să se împrăştie în alte părţi ale casei. Îţi recomand să foloseşti un organizator vertical pentru depozitarea hârtiilor şi să-i găseşti un loc special. Toate hârtiile care necesită atenţie pot fi puse aici, fără a fi separate.

În ceea ce priveşte hârtiile care trebuie păstrate, pe acestea le subdivizez în funcţie de frecvenţa folosirii. Din nou, modul în care le împart nu este complicat. Le organizez în hârtii folosite mai puţin frecvent şi hârtii folosite mai des. Hârtii utilizate mai rar includ poliţe de asigurare, garanţii şi închirieri. Din nefericire, acestea trebuie păstrate automat, chiar dacă nu-ţi trezesc nicio bucurie anume în suflet. De vreme ce aproape niciodată nu vei avea nevoie să accesezi aceste hârtii, nu trebuie să faci un efort prea mare ca să le depozitezi. Îţi recomand să le pui pe toate într-un singur dosar obişnuit, de plastic, transparent, fără să-ţi baţi capul să le clasifici mai departe.

Cealaltă subcategorie constă în hârtii pe care le vei scoate şi la care te vei uita mai des, cum ar fi rezumate ale seminariilor sau tăieturi din ziare. Acestea n-au niciun sens până când nu sunt depozitate într-un fel în care să fie uşor de accesat şi de citit; de aceea îţi recomand să le inserezi într-un dosar de plastic cu folii transaparente. Această categorie este cea mai complicată. Reducerea volumului ei este cheia organizării documentelor.

Hârtiile se organizează doar în trei categorii: care necesită atenție, care trebuie păstrate (documente contractuale) și care trebuie păstrate (altele). Ideea este să păstrezi toate hârtiile dintr-o singură categorie într-un singur recipient sau dosar și să te abții intenționat de a le împărți mai departe în categorii în funcție de conținut. Cu alte cuvinte, ai nevoie numai de trei recipiente sau dosare. Nu uita că recipientul cu „hârtii care necesită atenție" trebuie golit. Dacă sunt hârtii în el, trebuie să fii conștient că ai lăsat treburi nerezolvate care necesită atenție. Cu toate că n-am reușit niciodată să-mi golesc complet coșul cu „hârtii care necesită atenție", acesta e scopul către care ar trebui să aspirăm.

Totul despre hârtii

Cum organizăm hârtiile care ne pun probleme

Politica mea de bază este să arunc toate hârtiile, dar vor exista întotdeauna unele care sunt greu de aruncat. Să le abordăm pe acestea.

Materiale de studiu

Cei cărora le place să studieze frecventează, cel mai probabil, seminarii și cursuri pe diverse teme, cum ar fi aromaterapie, gândire logică sau marketing. O modă recentă în Japonia este să folosești timpul de dimineața devreme pentru seminarii matinale. Conținutul și programul se diversifică, oferindu-le oamenilor o varietate largă de opțiuni. Pentru participanți, materialele pregătite sârguincios de lector sunt echivalente cu o decorație de onoare de care le este greu să se despartă. Dar, când vizitez casele acestor studioși pasionați, descopăr că materialele iau mult din spațiu, făcându-le camerele apăsătoare.

Una dintre clientele mele a fost o femeie în jur de 30 de ani, care lucra pentru o companie de publicitate. În momentul în care am intrat în camera ei m-am simțit de parcă aș fi fost într-un birou. Ochii mi-au fost asaltați de șiruri de dosare cu titluri imprimate îngrijit. „Acestea sunt cursurile de la seminariile pe care le-am frecventat", mi-a spus. Fanatică a seminariilor, cum singură s-a recomandat, păstrase și îndosariase materialele de la fiecare seminar pe care-l frecventase vreodată.

Oamenii insistă adesea: „Vreau să studiez din nou aceste materiale cândva". Dar n-o fac aproape niciodată. Mai mult, în majoritate, au de obicei materiale de la multiple seminarii pe aceeași temă sau una similară. De ce? Pentru că nu și-au însușit ce au învățat. Nu spun asta ca pe o critică, ci numai ca să scot în evidență de ce nu are rost să păstrezi materiale de la seminariile trecute. Când conținutul nu este pus în practică, astfel de cursuri nu înseamnă nimic. Valoarea frecventării unui curs sau a obținerii unei calificări începe odată cu frecventarea cursului, iar cheia pentru a extrage întreaga valoare este să punem în practică ceea ce am învățat la finalul cursului. De ce plătesc oamenii taxe mari pentru a urma aceste cursuri, când ar putea citi același conținut în cărți sau în altă parte? Pentru că vor să simtă pasiunea profesorului și să trăiască în acel mediu de învățare. Așa că materialul este seminarul sau evenimentul în sine și trebuie resimțit direct.

Când frecventezi un curs, ia decizia să arunci orice pliant care se distribuie. Dacă regreți că le-ai aruncat, reia cursul, şi, de data asta, aplică ce ai învăţat. E paradoxal, dar cred că, din cauză că ne agăţăm atât de tare de aceste materiale, nu reuşim să punem în practică ce am învăţat. Cea mai mare colecţie de materiale de seminar peste care am dat până acum era de 190 de dosare. Nu e nevoie să-ţi spun că l-am făcut pe client să le arunce până la ultimul.

Extrase ale cardului de credit

Alte lucruri de aruncat sunt toate extrasele cardului de credit. Care este scopul lor? Pentru cei mai mulţi oameni, sunt doar mijloace de verificat câţi bani s-au cheltuit şi pe ce, într-o anumită lună. Aşa că, după ce ai verificat conţinutul să-ţi confirmi că este corect şi după ce ai notat numărul în lista de cheltuieli ale casei, extrasul şi-a îndeplinit datoria şi ar trebui să-l arunci. Crede-mă. Nu trebuie să simţi niciun pic de vină.

Poţi să-ţi închipui când altă dată ai mai putea avea nevoie de extrasele cardului de credit? Îţi imaginezi că ţi-ar fi necesare într-un proces ca să demonstrezi câţi bani au fost retraşi? Asta nu se va întâmpla, aşa că nu e nevoie să le păstrezi cu sfinţenie pentru tot restul vieţii. Acest lucru este valabil şi pentru chitanţele primite în urma retragerilor din cont la plata facturilor. Fii hotărât şi foloseşte-te de ocazia aceasta ca să scapi de ele.

Dintre toţi clienţii mei, cei cărora le-a fost cel mai greu să arunce hârtii au fost un cuplu de avocaţi. Întrebau într-una: „Dar dacă o să fie nevoie de documentul ăsta la tribunal?" La început au progresat foarte puţin, dar, până la sfârşit, chiar şi ei au fost în stare să arunce aproape toate hârtiile, fără să aibă vreo problemă. Dacă avocaţii au putut s-o facă, poţi şi tu.

Garanții ale aparaturii electronice

Indiferent că e vorba de televizor sau cameră digitală, toate aparatele electronice au garanție. Aceasta este cea mai obișnuită categorie de documente din orice casă și cea pe care aproape toată lumea o îndosariază și o păstrează cum trebuie. Metoda de organizare este însă mai întotdeauna aproape bună, dar nu chiar.

În general, oamenii își țin garanțiile în folii transparente sau în dosare tip acordeon. Atracția acestor dosare provine din faptul că documentele pot fi depozitate în compartimente separate. Totuși, aici se ascunde capcana. Pentru că sunt atât de bine împărțite, este ușor să-ți scape lucrurile. Cei mai mulți oameni păstrează nu numai garanția, ci și manualul de instrucțiuni în același compartiment. În primul rând, renunță la aceste manuale. Aruncă-ți o privire peste ele. Le-ai folosit vreodată? În general, sunt numai câteva manuale pe care chiar trebuie să le citim, cum ar fi manualul de utilizare a computerului sau al camerei digitale, iar acestea sunt atât de groase, încât n-ar încăpea oricum într-un dosar. Așa că, în principiu, orice manual din dosarul cu garanții poate fi aruncat fără nicio dificultate.

În prezent, toți clienții mei au scăpat de cele mai multe dintre manuale, inclusiv de cele pentru PC și camere și niciunul dintre ei nu a avut nicio problemă din cauza asta. Dacă au o problemă, o pot rezolva, de obicei, singuri, butonând aparatul, iar pentru ceea ce nu rezolvă pot găsi soluții pe internet sau în locul de unde l-au cumpărat. Așa că, te asigur, le poți arunca fără nicio remușcare.

Revenind la garanții, metoda de îndosariere pe care o recomand este să le pui pe toate într-o mapă transparentă, fără să le separi pe categorii. Garanțiile sunt folosite, la urma-urmei, o dată pe an. Ce rost are să le sortezi şi să le separi cu grijă, când probabilitatea de a avea nevoie de ele este atât de mică. Mai mult, dacă le pui într-un dosar, trebuie, apoi, să răsfoieşti paginile ca să găseşti garanția care-ți trebuie. În acest caz, e la fel de simplu să le ții într-o singură țiplă, să scoți toată grămada şi să cauți prin ea.

Dacă sortezi prea în detaliu, vei avea mai puține ocazii să te uiți la fiecare garanție. Până să-ți dai seama, garanția va fi expirată. Dacă trebuie să răscoleşti prin toate ca să găseşti una anume, asta devine o ocazie excelentă să verifici datele de expirare ale celorlalte garanții. Astfel, nu va trebui să te deranjezi să verifici deliberat conținutul doar pentru a vedea datele de expirare şi, adesea, nici nu trebuie să cumperi dosare transparente în care să păstrezi garanțiile pentru că, de obicei, se găseşte unul în casă. Şi, în sfârşit, această metodă foloseşte a zecea parte din spațiul de care este nevoie în cazul celorlalte metode.

Felicitări

În Japonia, oamenii au obiceiul de a-şi trimite unii altora felicitări de Anul Nou (multe au numere de loterie în partea de jos). Aceasta înseamnă că fiecare felicitare şi-a îndeplinit scopul în momentul în care destinatarul o termină de citit. După ce ai verificat dacă ai câştigat ceva cu numerele de loterie de pe felicitări, le poți arunca, cu recunoştința cuvenită pentru că ți-au transmis considerația expeditorului. Dacă păstrezi felicitările pentru a avea adresa expeditorului pentru anul următor, atunci păstrează-le pe cele de un an. Aruncă-le pe toate mai vechi de doi sau trei ani, cu excepția celor care îți trezesc bucurie în suflet.

Carnete de cecuri folosite

Carnetele de cecuri folosite nu sunt nimic mai mult decât atât, folosite. Nu te vei uita la ele din nou şi, chiar dacă o vei face, asta nu-ţi va creşte suma de bani din bancă, aşa că, serios, scapă de ele.

Fluturaşi de salariu

Scopul fluturaşului de salariu este să te informeze cu cât ai fost plătit luna aceasta. Odată ce i-ai verificat conţinutul, utilitatea lui a luat sfârşit.

Komono (obiecte diverse) I

Păstrează obiectele pentru că-ţi plac, nu „pur şi simplu"

Trag un sertar din casa unui client şi descopăr o cutiuţă ciudată care invită să fie deschisă, ca o carte ispititoare ce promite o poveste fascinantă. Dar mie nu-mi trezeşte nicio emoţie. Ştiu exact ce voi găsi acolo. Mărunţiş, ace de păr, gume de şters, nasturi de rezervă, părţi din ceasuri de mână, baterii consumate sau nu, rămăşiţe de medicamente, amulete şi brelocuri. Şi lista poate continua. Ştiu care va fi răspunsul clientului dacă am să-l întreb de ce sunt aceste obiecte acolo: „Pur şi simplu".

Multe obiecte din casă sunt tratate în acelaşi fel. Sunt amplasate, depozitate şi acumulate „pur şi simplu", fără să ne gândim prea mult la ele. Numesc această categorie *komono*, un cuvânt japonez definit în diverse feluri în dicţionar: „articole mici; obiecte diverse; accesorii; dispozitive sau instrumente mici; părţi componente sau auxiliare; o persoană nesemnificativă; fleacuri". Nu e de mirare că oamenii nu știu ce să facă cu obiectele care aparțin unei categorii atât de vagi și de atotcuprinzătoare. Totuși, e timpul să ne luăm adio de la abordarea de tip „pur și simplu". Aceste obiecte joacă un rol important în susținerea stilului tău de viață, așa că merită și ele să fie luate pe rând în mână și sortate cum trebuie.

Spre deosebire de haine sau cărți, această categorie include o gamă diversă de obiecte, iar gândul de a le sorta și a le organiza pare descurajant. Dacă le abordezi în succesiunea corectă, sarcina aceasta este chiar simplă. Ordinea de bază pentru sortarea obiectelor *komono* este următoarea:
- CD-uri, DVD-uri;
- produse pentru îngrijirea pielii;
- produse de machiaj;
- accesorii;
- obiecte de valoare (pașapoarte, carduri de credit etc.);
- echipamente electrice și electrocasnice (camere digitale, cabluri electrice, orice pare vag „electric");
- echipamente de uz casnic (papetărie și materiale pentru scris, truse de cusut etc.);
- consumabile de uz casnic (consumabile ca medicamente, detergenți, șervețele etc.);
- produse pentru bucătărie/alimente;
- altele.

(Dacă ai multe obiecte legate de un interes pentru ceva anume sau un hobby, cum ar fi echipament de schi, tratează-le ca pe o singură subcategorie.)

Recomand această ordine anume pentru că este mai ușor să începi cu obiecte mai personale și cu un conținut mai bine definit. Dacă locuiești singur, nu trebuie să-ți faci griji în legătură cu ordinea, atât timp cât tratezi fiecare subcategorie pe rând. Prea mulți oameni trăiesc înconjurați de obiecte inutile „pur și simplu". Te îndemn să faci inventarul acelor *komono*, și să le păstrezi numai, și vreau să spun numai, pe acelea care-ți produc bucurie.

Mărunțișul

„În portofelul meu" să-ți fie motto

Ai mărunțiș împrăștiat peste tot în jurul tău — 5 sau 10 bani pe fundul poșetei, 50 de bani pe fundul unui sertar sau pe masă? Găsesc întotdeauna monede când ajut un client să-și pună casa în ordine. Regine ale categoriei *komono*, monedele pot fi găsite la intrare, în bucătărie, în sufragerie, în baie, pe mobilă și în sertare. Cu toate că sunt bani funcționali, monedele sunt tratate cu mult mai puțin respect decât banii de hârtie. Pare ciudat că sunt lăsate să zacă prin casă, unde nu folosesc la nimic.

Ori de câte ori clienții găsesc mărunțiș în timp ce fac ordine în casă, am grijă să ajungă direct în geanta sau în portofelul lor, niciodată într-o pușculiță. Spre deosebire de celelalte categorii, nu trebuie să aduni monedele din toate părțile casei. În schimb, bagă-le în portofel ori de câte ori dai peste ele. Dacă le pui într-o pușculiță, nu faci decât să schimbi locul unde vor fi ignorate. Oamenii care au trăit în aceeași casă mult timp sunt în special tentați să uite de micul lor tezaur de monede. Sinceră să fiu, n-am întâlnit pe nimeni dintre cei care păstrează mărunțiș fără vreun scop clar să-l și folosească vreodată. Dacă păstrezi monede în ideea vagă că ar fi drăguț să vezi câte poți acumula, atunci este momentul acum să le duci la bancă. Cu cât aștepți mai mult, cu atât mai grea va fi marfa și cu atât mai mare deranjul s-o duci la bancă.

Am observat și că, din nu știu ce motiv misterios, mulți dintre clienții mei încep să strângă monedele în pungi atunci când pușculițele sunt pline. Câțiva ani mai târziu, în timpul cursului meu, ei dau peste o pungă plesnind de monede, pe fundul unui dulap. Până atunci, punga va mirosi înțepător a rugină și mucegai, monedele vor fi decolorate și vor scoate un sunet teribil de monoton, în loc să zornăie. În acel moment, clienții mei ar fi preferat să fi uitat de existența pungii. E destul de greu și să fac această descriere, dar să vezi aceste monede deposedate de demnitatea lor de bani este sfâșietor. Te implor să salvezi aceste monede uitate care se risipesc în casa ta, adoptând motto-ul: „În portofelul meu"!

Întâmplător, există o diferență notabilă în privința felului în care femeile și bărbații tratează mărunțișul. Bărbații au tendința să pună monedele în buzunar sau să le plaseze undeva la vedere, cum ar fi pe un bufet sau pe o masă. Femeile, pe de altă parte, tind să le bage într-o cutie sau o pungă și s-o pună într-un sertar. Este ca și cum instinctul masculin de a fi pregătit să acționeze în caz de pericol și instinctul feminin de a proteja casa se manifestă în felul în care aceștia tratează mărunțișul. Acest gând mă face să mă opresc și să meditez la misterul vieții și al ADN-ului, în timp ce petrec încă o zi împărtășind magia de a face ordine.

Komono (obiecte diverse) II

Lucruri de care te poți dispensa — lucruri pe care le-ai păstrat „pur și simplu"

Un număr surprinzător de lucruri sunt identificabile instantaneu ca obiecte de care te poți dispensa fără să te mai întrebi: „Îmi inspiră bucurie?" Am arătat deja cât de important este să renunți la acele obiecte de care ți-e greu să te desparți. Este la fel de important atunci când îți pui casa în ordine să descoperi acele lucruri pe care le-ai păstrat „fără niciun motiv anume". În majoritate, oamenii sunt surprinzător de puțin conștienți de nimicurile care le ocupă spațiul din casă.

Cadouri

O farfurie primită ca dar de nuntă, care stă încă în cutia ei pe dulapul de porțelanuri. Un breloc primit ca amintire de la un prieten, care zace acum în sertarul tău. Un set de bețișoare parfumate cu miros ciudat, primite de la colegi de ziua ta. Ce au toate aceste obiecte în comun? Au fost cadouri. Cineva important pentru tine a consumat timp prețios să le aleagă și să le cumpere. Sunt o expresie a iubirii și considerației. Nu poți pur și simplu să le arunci, nu-i așa?

Dar să analizăm mai atent problema. Cele mai multe dintre aceste cadouri rămân nedeschise sau au fost folosite o singură dată. Recunoaște. Pur și simplu nu sunt pe gustul tău. Adevăratul scop al unui cadou este *să fie primit*. Cadourile nu sunt „lucruri", ci mijloace de a transmite sentimentele cuiva. Privind din această perspectivă, nu trebuie să te simți vinovat că arunci un cadou. Doar mulțumește-i pentru bucuria pe care ți-a produs-o când l-ai primit. Bineînțeles, ar fi ideal dacă l-ai putea folosi cu plăcere. Dar, cu siguranță, persoana care ți l-a dăruit nu ar vrea să-l utilizezi dintr-un sentiment de obligație sau să-l ții deoparte fără să-l folosești numai ca să te simți vinovat ori de câte ori îl vezi. Când îl arunci, o faci și de dragul persoanei de la care l-ai primit.

Cutii de telefoane mobile

Cutiile sunt surprinzător de voluminoase. Scapă de cutia în care a fost ambalat telefonul tău în momentul în care l-ai desfăcut. Nu ai nevoie, de asemenea, nici de manualul care vine cu el, nici de CD. Vei învăța aplicațiile lui folosindu-l. Toți clienții mei au aruncat aceste lucruri și niciunul nu a fost deranjat de absența lor. Dacă ai o problemă, poți obține oricând ajutor de la asistentul din magazinul de unde l-ai cumpărat. E mult mai rapid să obții un răspuns de la un profesionist, decât să te chinui să găsești singur unul în manual.

Cabluri neidentificate

Dacă vezi un cablu și nu știi pentru ce naiba e, nu-l vei folosi probabil niciodată. Cablurile misterioase vor rămâne doar atât, un mister. Ești îngrijorat că vei avea nevoie de el dacă ceva se strică? Nu fi! Am văzut nenumărate case cu duplicate ale acelorași tipuri de cablu, dar o încâlceală de sârme nu face decât să fie mai greu s-o găsești pe cea care-ți trebuie. Până la urmă, e mai rapid să cumperi un cablu nou. Păstrează-le numai pe acelea pe care le poți identifica cu certitudine și scapă de toate celelalte. Colecția ta cuprinde, cel mai probabil, destule care aparțin unor aparate stricate pe care le-ai aruncat de mult.

Nasturi de rezervă

Nu vei folosi niciodată nasturii de rezervă. În cele mai multe cazuri, când cade un nasture, este un semn că acea cămașă sau bluză a fost purtată mult și a ajuns la sfârșitul vieții sale. Pentru paltoane și jachete pe care vrei să le păstrezi mult timp, îți recomand să coși nasturii de rezervă pe căptușeală, imediat ce le-ai cumpărat. În cazul altor haine, dacă pierzi un nasture și vrei cu orice preț să-l înlocuiești, poți să iei oricând ce ai nevoie dintr-un magazin mare.

Din experiența mea în domeniu, am ajuns la concluzia că, atunci când le cade un nasture, oamenii nu se deranjează adesea să coasă altul, chiar dacă au păstrat nasturii de rezervă. În schimb, fie continuă să poarte haina fără un nasture, fie o lasă să zacă pe undeva în dulapul lor. Dacă tot n-o să folosești nasturii de rezervă, n-ar trebui să conteze dacă-i arunci.

Cutii de aparate electrice

Unii oameni păstrează cutiile aparatelor electrice, gândindu-se că pot obține mai mulți bani pe ele dacă, vreodată, le-ar vinde. Asta este însă o pierdere de vreme. Dacă te gândești la chiria pe care o plătești, să-ți transformi spațiul într-un depozit pentru cutii goale te costă mai mult decât ai putea lua vânzând un aparat electric într-o cutie. Nu trebuie să le păstrezi nici pentru cazul în care te-ai muta. Poți să-ți bați capul să găsești cutiile potrivite când va veni timpul. Este păcat să lași o cutie plictisitoare s-ocupe spațiu în casa ta doar pentru că s-ar putea să-ți fie necesară într-o zi.

Televizoare și aparate de radio stricate

Dau adesea peste televizoare și aparate de radio stricate în casele clienților mei. Evident, nu e nevoie să păstrezi aceste lucruri. Dacă și tu ai aparate electrice stricate, folosește această ocazie să suni persoana responsabilă cu reciclarea în zona ta și să scapi de ele.

Așternuturi pentru oaspeți care nu vin niciodată

O saltea sau un pat pliant, o pilotă, o pernă, pături, cearșafuri — un set de așternuturi de pat ocupă destul spațiu. Acesta este un alt obiect des întâlnit care este aruncat în timpul lecțiilor mele și, din nou, clienții mei îi simt rareori lipsa. Deși merită să ai așternuturi de rezervă dacă ai oaspeți pe perioade regulate și spațiu pentru ei, acestea sunt inutile dacă ai doar oaspeți care stau peste noapte și asta o dată sau de două ori pe an. Dacă ai într-adevăr nevoie de un set, poți oricând să închiriezi unul, o alternativă pe care o recomand călduros. Așternuturile de pat depozitate pe timp nedefinit în dulap au adesea un așa miros de mucegai, încât nu le-ai da oaspeților tăi să le folosească oricum. Miroase-le și convinge-te.

Mostre cosmetice păstrate pentru călătorii

Ai o colecție întreagă de mostre cosmetice nefolosite de un an sau mai mult? Mulți oameni le păstrează să le folosească în călătorii, dar se pare că nu le iau niciodată cu ei când pleacă. Am contactat diverși producători în legătură cu valabilitatea la raft a acestor produse. Răspunsurile au fost variate. Unele o au doar câteva săptămâni, altele sunt bune un an. Când cantitatea este foarte mică, cum este cazul mostrelor, calitatea scade mai rapid. Să folosești cosmetice probabil expirate, mai ales când ar trebui să te bucuri de călătoriile tale, pare o nesăbuință.

Produse de ultimul strigăt în materie de sănătate

Centuri de slăbit, sticluțe de ulei pentru aromaterapie, un storcător special, un aparat de slăbit care imită călăritul — pare o risipă să arunci obiecte scumpe precum acestea pe care le-ai cumpărat prin comandă poştală, dar nu le-ai folosit niciodată pe deplin. Crede-mă, înţeleg. Însă poţi să te desparţi de ele. Euforia pe care ai simţit-o când le-ai cumpărat contează. Exprimă-ţi aprecierea pentru contribuţia pe care au adus-o la viaţa ta, spunându-le: „Mulţumesc pentru sprijinul pe care mi l-aţi dat când v-am cumpărat". Sau: „Mulţumesc că m-ai ajutat să fiu puţin mai în formă". Apoi, scapă de ele având convingerea că eşti mai sănătos pentru că le-ai cumpărat.

Lucruri noi primite

O substanţă pentru curăţarea ecranului telefonului mobil, care a venit cu o sticlă de suc, un pix gravat cu numele şcolii tale, un evantai primit la un eveniment, o mascotă pe care ai primit-o împreună cu o băutură nealcoolică, un set de ceşti de plastic pe care le-ai câştigat la o tombolă, pahare cu logoul unei companii de bere, *post-it*-uri cu numele unei companii farmaceutice, un carnet cu numai cinci coli de hârtie sugativă, un calendar promoţional (încă rulat), un calendar de buzunar (nefolosit după ce au trecut şase luni din an). Niciunul dintre aceste obiecte nu-ţi va face nicio plăcere. Aruncă-le fără regrete.

Obiectele cu valoare sentimentală

Casa părinţilor nu este raiul suvenirelor tale

După ce ţi-ai organizat hainele, cărţile, hârtiile şi acele *komono*, poţi în sfârşit să ataci ultima categorie, şi anume obiectele cu valoare sentimentală. Le las la final pentru că aceste lucruri sunt cel mai greu de aruncat. Aşa cum îi spune și numele, un suvenir este o amintire a unui timp când un obiect ne-a oferit bucurie. Gândul de a le arunca trezește teama că am putea pierde și acele amintiri prețioase odată cu ele. Dar nu trebuie să-ți faci griji. Amintirile cu adevărat prețioase nu vor dispărea, chiar dacă arunci obiectele asociate cu ele. Gândindu-te la viitor, merită să păstrezi suvenire ale unor lucruri pe care le-ai uita altfel? Trăim în prezent. Indiferent cât de frumoase au fost vremurile, nu putem trăi în trecut. Bucuria și entuziasmul pe care le trăim aici și acum sunt mult mai importante. Așa că, din nou, pentru a decide ce să păstrezi trebuie să iei în mână fiecare obiect și să te întrebi: „Îmi inspiră bucurie?"

Să vă povestesc despre o clientă de-a mea, pe care o s-o numesc A. Era o mamă de 30 de ani, cu doi copii și o gospodărie formată din cinci membri. Când i-am vizitat casa pentru a doua lecție, era evident că numărul de obiecte scăzuse. „Ai muncit din greu", i-am spus. „Pare că ai aruncat vreo 30 de saci de lucruri."

Foarte încântată, mi-a răspuns: „Da, într-adevăr! Mi-am dus toate obiectele amintire la mama". Nu-mi venea să-mi cred urechilor. Folosise metoda de a face ordine „trimit la ai mei". Când am început această afacere, chiar am crezut că a trimite lucruri „acasă" era privilegiul oamenilor care proveneau din case mari, din provincie. Multe dintre clientele mele erau femei singure sau mame tinere care locuiau în Tokyo. Dacă îmi cereau permisiunea să trimită lucruri acasă la părinți, spuneam; „Desigur. Doar dacă o faci imediat". N-am avut nicio problemă cu asta, până când mi-am extins clientela la zona orașelor de provincie. Când am descoperit starea reală a caselor părinților, m-am văzut forțată să-mi retrag cuvintele spuse la repezeală.

Acum îmi dau seama că oamenii care au un loc convenabil unde să trimită lucrurile, cum ar fi casa părinților, sunt de fapt chiar ghinioniști. Chiar dacă există o casă mare, cu camere în plus, nu există și o a patra dimensiune care se poate extinde la infinit. Oamenii nu recuperează niciodată cutiile pe care le-au trimis „acasă". Odată trimise, nu vor mai fi deschise nicicând.

Dar să mă întorc la povestea mea. Mai târziu, mama lui A. a început să-mi frecventeze cursul. Știam că, dacă va absolvi, va trebui să facem ceva cu bagajul pe care A. îl trimisese acasă. Când i-am vizitat casa, am descoperit camera lui A. rămasă neatinsă. Lucrurile ei umpleau biblioteca și dulapul, iar două cutii mari erau așezate pe podea. Visul mamei lui A. era să aibă un spațiu al ei unde să se relaxeze, dar, chiar dacă A. se mutase de mult, îi păstrase lucrurile cu sfințenie în cameră și singurul spațiu pe care mama îl simțea al ei era bucătăria.

Asta mi s-a părut nefiresc. Am contactat-o pe A. și am anunțat-o: „Tu și mama ta nu veți absolvi cursul până când nu veți rezolva amândouă problema cu lucrurile pe care le-ai lăsat în casa părinților tăi". În ziua ultimei noastre întâlniri, A. era foarte fericită. „Acum pot să mă bucur de restul vieții mele fără nicio grijă!" Se dusese acasă și-și pusese lucrurile în ordine. În cutii găsise un jurnal, fotografii ale vechilor iubiți, un munte de scrisori și ilustrate... „Nu făceam decât să mă amăgesc, trimițând la ai mei lucrurile de care nu mă puteam despărți. Când m-am uitat la fiecare obiect din nou, mi-am dat seama că am trăit acele momente deplin și am putut să le mulțumesc suvenirelor mele pentru bucuria pe care mi-au dăruit-o la timpul lor. Când le-am aruncat, am simțit că-mi înfruntam trecutul pentru prima oară în viață."

Aşa este. Luând în mână fiecare obiect cu valoare sentimentală și hotărând ce să arunci, îți procesezi trecutul. Dacă doar arunci aceste obiecte într-un sertar sau într-o cutie de carton, până să-ți dai seama, trecutul îți va deveni o povară care te trage înapoi și te va împiedica să trăiești aici și acum. Să-ți pui lucrurile în ordine înseamnă, de asemenea, să-ți pui trecutul în ordine. Este ca și cum ți-ai reîncepe viața și ți-ai regla socotelile, astfel încât să poți face următorul pas înainte.

Fotografiile

Prețuiește persoana care ești acum

Ultimele obiecte din categoria obiectelor cu valoare sentimentală sunt fotografiile. Desigur, am un motiv bun să las fotografiile la sfârșit. Dacă ți-ai sortat și ți-ai aruncat lucrurile în ordinea pe care o recomand, ai dat probabil peste fotografii în multe locuri diferite, poate prinse între cărți pe un raft, zăcând în sertarul unui birou sau ascunse într-o cutie cu fleacuri. Deși cele mai multe se află deja în albume, ai găsit probabil fotografia suplimentară sau două atașate unei scrisori ori încă aflate în plicul de la magazinul foto. (Nu știu de ce atâția oameni lasă fotografii în aceste plicuri.) Deoarece fotografiile tind să apară din cele mai neașteptate locuri atunci când sortăm alte categorii, este mult mai eficient să le pui într-un loc stabilit ori de câte ori găsești una și să te ocupi de ele la sfârșit.

Mai este un motiv pentru care las fotografiile la sfârșit. Dacă începi să sortezi hârtii înainte de a-ți fi exersat intuiția în legătură cu ceea ce te bucură, întregul proces va scăpa de sub control și se va împotmoli. În schimb, odată ce ai urmat secvenţialitatea corectă a dereticatului (adică haine, cărţi, hârtii, *komono* şi apoi obiecte cu valoare sentimentală), sortarea va merge strună şi vei fi uimit de capacitatea ta de a face alegeri pe baza a ceea ce îţi place.

Există o singură modalitate de a sorta fotografii şi ar trebui să ţii minte că durează puţin. Metoda corectă este să scoţi toate fotografiile din albume şi să le priveşti rând pe rând. Aceia care protestează că asta înseamnă prea multă muncă sunt oameni care n-au sortat cu adevărat fotografii niciodată. Fotografiile există numai pentru a ilustra un anumit eveniment sau moment. Din acest motiv, trebuie privite rând pe rând. Când vei face asta, vei fi surprins cât de clar le poţi diferenţia pe cele care te emoţionează de cele care nu o fac. Ca întotdeauna, păstrează-le doar pe cele care îţi inspiră bucurie.

Cu această metodă, vei păstra numai 5 pentru fiecare zi dintr-o excursie specială, dar acelea vor fi atât de reprezentative pentru acea perioadă, încât vor evoca energic restul. Lucrurile cu adevărat importante nu sunt atât de multe la număr. Locul fotografiilor plictisitoare cu peisaje pe care nici nu le poţi localiza este la gunoi. Sensul unei fotografii stă în entuziasmul şi bucuria pe care le simţi atunci când o faci. În multe situaţii, fotografiile tipărite ulterior şi-au depăşit deja scopul.

Câteodată, oamenii păstrează un morman de fotografii într-o cutie cu intenţia de a se bucura de ele cândva, când vor fi bătrâni. Vă pot spune că acel „cândva" nu va veni niciodată. Am văzut nenumărate cutii cu fotografii nesortate lăsate în urmă de cineva care a murit.

Iată o conversaţie obişnuită cu clienţii mei: „Ce e în cutia aceea?" „Fotografii." „Atunci le poţi lăsa să le sortăm la sfârşit." „Dar nu sunt ale mele. Au fost ale bunicului meu."

Ori de câte ori port acest tip de conversație, mă întristez. Nu mă pot abține să nu mă gândesc că viața decedatului ar fi fost cu mult mai bogată dacă spațiul ocupat de acea cutie ar fi fost liber când persoana trăia. În plus, n-ar trebui să avem încă de sortat fotografii atunci când ajungem la bătrânețe. Dacă și tu lași această sarcină pentru când vei îmbătrâni, nu aștepta. Fă-o acum. Te vei bucura mult mai mult de fotografii la bătrânețe, dacă ele vor fi deja într-un album decât dacă va trebui să le muți și să le sortezi când sunt într-o cutie plină.

Un alt tip de obiecte la fel de greu de sortat ca fotografiile sunt suvenirele de la copii: un cadou de Ziua Tatălui, pe care scrie „Mulțumesc, tati!"; un desen făcut de fiul tău, selectat de educatoare să fie expus pe holul școlii; un ornament făcut de fiica ta. Dacă aceste lucruri te bucură încă, atunci le poți păstra. Dar, dacă acum copiii sunt mari și le păstrezi numai crezând că, dacă le-ai arunca, le-ai răni sentimentele, atunci întreabă-i. E destul de probabil să spună: „Ce? Încă mai ai chestia aia? Poți să scapi de ea".

Dar lucrurile de pe vremea propriei tale copilării? Mai păstrezi rapoartele/fișele școlare și certificatele examenelor? Când clienta mea a scos o uniformă de-acum 40 de ani, și eu am simțit că mi se strângea inima de emoție. Dar tot a trebuit aruncată. Aruncă toate acele scrisori pe care le-ai primit acum mulți ani de la o iubită sau de la un iubit. Scopul unei scrisori este îndeplinit în momentul în care a fost primită. Până în prezent, persoana care a scris-o a uitat de mult ce a scris sau că a scris vreo scrisoare. Cât despre accesoriile primite în dar, păstrează-le numai dacă îți fac mare plăcere. Dacă le păstrezi pentru că nu poți uita un fost iubit, mai bine aruncă-le. Agățându-te de ele, e posibil să ratezi ocazii pentru noi relații.

Nu amintirile, ci persoana care am devenit datorită acelor experiențe trecute este ceea ce ar trebui să prețuim. Aceasta este lecția pe care o învățăm sortând suvenirele. Spațiul în care locuim ar trebui să fie pentru persoana în devenire care suntem acum, nu pentru cea care am fost în trecut.

Stocurile uimitoare pe care le-am văzut

Sunt două surprize pe care le întâlnesc mereu când îmi ajut clienții să-și pună casele în ordine: obiecte foarte neobișnuite și numere uriașe. Peste primele dau de fiecare dată. Pot fi un microfon folosit de un cântăreț sau ultimele ustensile de gătit ale cuiva căruia îi place „să bucătărească". Fiecare zi aduce întâlniri captivante cu necunoscutul. Acest lucru este firesc, deoarece interesele și profesiile clienților mei sunt extrem de diverse.

Adevăratul șoc se produce atunci când dau peste o rezervă masivă de obiecte simple, care se găsesc în orice casă. Pe parcursul lucrului, notez întotdeauna volumul brut al diferitelor lucruri pe care le dețin clienții mei și trag cu ochiul în special la topul stocurilor mele, pentru că se stabilesc constant noi recorduri. O dată, de exemplu, am descoperit o colecție uriașă de periuțe de dinți în casa unui client. Recordul de până atunci era de 35. Nici aceea nu era o colecție mică.

„Poate că ai ceva mai multe decât îți trebuie", am remarcat, și am râs puțin împreună. Dar noul record l-a depășit cu mult pe cel vechi. Această clientă avea 60 de periuțe de dinți! Aranjate în cutii, în dulapul de sub chiuvetă, arătau ca o operă de artă. E interesant cum mintea omenească încearcă să găsească o semnificație până și non-sensului. M-am trezit întrebându-mă dacă folosea una pe zi, dacă-și peria dinții prea tare sau dacă utiliza câte o periuță pentru fiecare dinte.

O altă surpriză a fost un stoc de 30 de cutii de folie. Am deschis dulapul de deasupra chiuvetei din bucătărie și l-am găsit plin cu ceea ce păreau niște cuburi mari, galbene, de LEGO, așezate ordonat. „Folosesc celofan în fiecare zi, așa că se termină foarte repede." Dar, chiar dacă ar fi utilizat o cutie pe săptămână, stocul acela i-ar fi ajuns jumătate de an. Folia de dimensiuni standard se găsește în role de 20 m. Ca să întrebuințezi o rolă pe săptămână ar trebui să împachetezi o farfurie cu diametrul de 20 cm de 66 de ori, și tot ți-ar mai rămâne destulă. Numai gândul de a repeta acțiunea de a trage și a rupe folie de atâtea ori mi-ar da sindrom de tunel carpian.

Cât despre hârtia igienică, recordul actual este de 80 de role.

„Am intestine slabe, vedeți... o folosesc foarte repede", a fost scuza clientei. Dar, chiar dacă ar fi folosit o rolă pe zi, avea rezervă pentru trei luni. Nu sunt sigură că ar fi consumat o rolă întreagă chiar dacă și-ar fi petrecut toată ziua ștergându-și fundul, și-atunci și l-ar fi șters până la sânge. M-am întrebat dacă n-ar trebui să-i dau mai degrabă cremă pentru piele decât lecții de dereticat.

Cel mai mare însă a fost un stoc de 20 000 de bețișoare de ureche, un depozit de 100 de cutii a câte 200 de bețișoare. Dacă acea clientă a mea ar fi folosit un bețișor pe zi, i-ar fi luat 55 de ani să-și termine provizia. Până ar fi terminat, și-ar fi dezvoltat, probabil, tehnici uluitoare de a-și curăța urechile. Ultimul bețișor, folosit în ultima zi, i s-ar fi părut aproape sacru.

Aceste relatări ți s-ar putea părea incredibile, dar nu glumesc. Ciudat este că niciunul dintre acești clienți nu și-a dat seama câte obiecte avea până nu a început să-şi facă ordine în casă. Şi chiar dacă dispuneau de o rezervă uriaşă, aveau întotdeauna impresia că nu posedau destul şi erau neliniştiţi că s-ar putea termina. Pentru oamenii care fac rezerve, nu cred că există vreo cantitate care să-i facă să se simtă în siguranţă. Cu cât au mai mult, cu atât mai mult se tem că li se poate termina rezerva şi cu atât mai neliniştiţi devin. Chiar dacă au două obiecte de rezervă, vor merge şi vor cumpăra încă cinci.

Spre deosebire de un magazin, dacă ţi se termină vreun produs acasă, nu este o tragedie. Îţi poate cauza un stres temporar, dar nimic ireparabil. Dar ce ar trebui să facem cu aceste stocuri? Deşi cea mai bună soluţie ar părea ca toate să fie folosite, în multe cazuri sunt expirate şi trebuie aruncate. Îţi recomand cu căldură să scapi de toate stocurile în exces deodată. Dă-le prietenilor care au nevoie de ele, donează-le sau du-le la un centru de reciclare. Ai putea crede că e o pierdere de bani, dar să-ţi reduci stocurile şi să te eliberezi de povara excesului sunt cea mai rapidă şi mai eficientă modalitate de a-ţi pune casa în ordine.

Odată ce ai trăit libertatea unei vieţi fără stocuri în exces, nu vei vrea să renunţi la ea şi vei renunţa, în mod natural, să mai faci rezerve. Clienţii îmi spun că viaţa este mult mai amuzantă pentru că, atunci când rămân fără un produs, se distrează încercând să vadă cât pot rezista fără el sau încearcă să-l înlocuiască cu alte lucruri. Este important să analizezi ce ai în mână acum şi să elimini excesul.

Redu până când ceva face clic

Sortează pe categorii, în succesiunea corectă, şi păstrează numai acele lucruri care-ţi inspiră bucurie. Fă asta minuţios și repede, într-o singură tură. Dacă urmezi acest sfat, vei reduce semnificativ volumul lucrurilor pe care le posezi, vei simți un sentiment de entuziasm pe care nu l-ai avut niciodată înainte și vei căpăta încredere în viață.

Care este cantitatea perfectă de lucruri? Cred că cei mai mulți oameni nu știu. Dacă ai trăit toată viața în Japonia, ai fost, aproape sigur, înconjurat de mult mai mult decât ai avut nevoie. Din această cauză multor oameni le este dificil să-și dea seama de cât au nevoie pentru a trăi confortabil. Reducându-ți lucrurile în timp ce faci ordine, vei ajunge la un punct în care vei ști, deodată, exact cât îți este necesar. O vei simți la fel de clar ca și cum ceva ar fi făcut clic în capul tău și vei spune: „Ah, de exact atât am nevoie ca să trăiesc confortabil. Asta e tot ce-mi trebuie ca să fiu fericit. N-am nevoie de nimic mai mult". Satisfacția care îți învăluie toată ființa în acel moment este palpabilă. Numesc acest moment „punctul de clic pentru exact cât trebuie". Interesant, odată trecut de acest punct, vei constata că volumul lucrurilor tale nu va crește niciodată. Și tocmai de aceea nu vei suferi vreo recădere vreodată.

Punctul de declic diferă de la persoană la persoană. Pentru o iubitoare de pantofi, ar putea fi 100 de perechi, în vreme ce un iubitor de cărți ar putea să nu aibă nevoie de nimic altceva în afară de cărți. Unii oameni, ca mine, au mai multe haine de purtat în casă decât pentru ieșit în oraș, în vreme ce alții preferă să umble goi în casă și, din acest motiv, nu au deloc haine de casă. (Ai fi surprins cât de mulți intră în această categorie din urmă.)

Pe măsură ce-ți pui casa în ordine și reduci volumul lucrurilor tale, vei vedea care-ți sunt adevăratele valori, ce este cu adevărat important pentru tine în viață. Dar nu te concentra pe reducere sau chiar pe metode de depozitare, la urma urmei. Concentrează-te, în schimb, pe lucrurile care îți fac plăcere și bucură-te de viață după propriile tale standarde. Aceasta este adevărata bucurie atunci când faci ordine. Dacă n-ai simțit încă un clic, nu-ți face griji. Mai poți reduce. Abordează această sarcină cu încredere.

Ascultă-ți intuiția și totul va fi bine

„Alege acele lucruri care îți inspiră bucurie atunci când le atingi."

„Agață acele haine care ar părea mai fericite puse pe umerașe."

„Nu-ți face griji că arunci prea mult. Va veni un moment când vei ști cât este tocmai bine."

Dacă ai citit până aici, ai observat probabil că, în metoda mea, sentimentele tale sunt criteriul pentru luarea deciziilor. Mulți oameni ar putea fi uimiți de criterii atât de vagi cum ar fi „lucruri care îți dau un fior de bucurie" sau „punctul de clic". În majoritate, metodele stabilesc scopuri numerice bine definite, cum ar fi „aruncă tot ce n-ai folosit timp de doi ani", sau „șapte jachete și zece bluze sunt cantitatea perfectă", sau „aruncă un obiect imediat de fiecare dată când cumperi ceva nou". Dar cred că acesta este motivul pentru care aceste metode se termină cu o recădere.

Chiar dacă aceste metode au ca rezultat temporar un spațiu ordonat, a urma în mod automat criterii propuse de alții și bazate pe experiența lor nu va avea un efect de durată. Asta în cazul în care, întâmplător, criteriile lor se potrivesc cu propriile tale standarde de bine. Numai tu poți ști ce fel de mediu te face fericit. Actul de a lua în mână și de a alege obiectele este extrem de personal. Pentru a evita recăderea, trebuie să-ți creezi o metodă proprie de a face ordine, după standarde proprii. Tocmai de aceea este atât de important să identifici ce sentimente ai față de fiecare obiect pe care-l deții.

Faptul că posezi un surplus de obiecte pe care nu te poți hotărî să le arunci nu înseamnă că ai grijă cum trebuie de ele. Chiar dimpotrivă. Reducând până la un volum pe care-l poți manevra corespunzător, revitalizezi relația cu obiectele pe care le ai. Doar pentru că arunci ceva, nu înseamnă că renunți la experiențele din trecut sau la identitatea ta. Prin procesul de a selecta numai acele lucruri care-ți inspiră bucurie poți identifica tocmai ce-ți place și ce-ți este necesar.

Când ne confruntăm sincer cu lucrurile pe care le deținem, acestea ne trezesc multe emoții. Acele sentimente sunt reale. Ele sunt cele care ne dau energia de a trăi. Crede ce-ți spune inima ta atunci când te întrebi: „Îmi inspiră bucurie?" Dacă dai curs acelei intuiții, vei fi uimit că lucrurile vor începe să se conecteze în viața ta și că vor urma schimbări radicale. Este ca și cum viața ta a fost atinsă de magie. A-ți pune casa în ordine este magia care creează o viață vibrantă și fericită.

Capitolul al IV-lea

Cum să-ți depozitezi lucrurile astfel încât să ai o viață captivantă

Stabilește un loc pentru fiecare lucru

În fiecare zi când mă întorc de la serviciu, aceasta este rutina pe care o urmez. În primul rând, descui ușa și-mi anunț locuința: „Am ajuns acasă!"

Culegând perechea de pantofi pe care i-am purtat ieri și i-am lăsat pe hol, spun „vă mulțumesc foarte mult pentru munca voastră grea!" și-i pun în dulap. Apoi, îmi scot pantofii pe care i-am purtat în ziua respectivă și îi așez ordonat pe hol. Îndreptându-mă spre bucătărie, pun ibricul pe aragaz și mă duc în dormitor. Acolo, îmi las ușor geanta pe covorul moale din piele de oaie și-mi scot hainele de exterior. Îmi pun jacheta și rochia pe umeraș, le spun „ați făcut treabă bună!" și le agăț temporar de mânerul ușii de la dulap. Îmi pun ciorapii într-un coș pentru lenjerie aflat în colțul din dreapta al dulapului, deschid un sertar, aleg hainele pe care am chef să le port în casă și mă îmbrac. Salut planta înaltă până la brâu aflată într-o oală la fereastră și-i mângâi frunzele.

Următoarea mea sarcină este să golesc conținutul genții pe covor și să pun fiecare obiect la locul lui. Prima dată îndepărtez toate bonurile. Apoi, îmi pun portofelul în cutia lui, aflată într-un sertar de sub pat, cu un cuvânt de mulțumire. Așez lângă el cartela de tren și cartea de vizită. Îmi pun ceasul într-o cutie roz, în stil antic, în același sertar, și colierul și cerceii într-o tavă pentru accesorii, lângă el. Înainte de a închide sertarul, spun „mulțumesc pentru tot ce ați făcut astăzi pentru mine".

După aceea, mă întorc în hol și pun deoparte cărțile și carnetele pe care le-am purtat cu mine toată ziua (am transformat un raft din dulapul de pantofi în raft pentru cărți). Din raftul de dedesubt iau „săculețul pentru bonuri" și pun bonurile acolo. Apoi, așez aparatul de fotografiat digital pe care-l folosesc în munca mea în spațiul de lângă el, care este rezervat electronicelor. Hârtiile de care nu mai am nevoie ajung în coșul de gunoi de sub mașina de gătit din bucătărie. În bucătărie îmi fac o cană de ceai în timp ce verific corespondența, aruncând scrisorile care nu-mi mai trebuie. Mă întorc în dormitor, pun geanta goală într-un săculeț și o așez apoi pe raftul de sus al dulapului de haine, spunând „te-ai comportat bine, odihnă plăcută". De când am intrat în casă până în momentul în care am închis ușa dulapului de haine, au trecut cinci minute. Acum, mă pot întoarce în bucătărie să-mi torn o cană de ceai și să mă relaxez.

Nu ți-am făcut această dare de seamă ca să mă laud cu stilul meu minunat de viață, ci mai degrabă ca să demonstrez cum este să ai un loc stabilit pentru fiecare obiect. Să-ți menții spațiul în ordine devine o a doua natură. Poți s-o faci fără efort chiar și atunci când ajungi acasă obosit de la serviciu, iar asta îți dă mai mult timp să te bucuri cu adevărat de viață.

Ideea de bază atunci când decizi locurile în care să-ți păstrezi obiectele este să stabilești un loc pentru *toate*. Te-ai putea gândi „o să-mi ia o veșnicie să fac asta", dar nu trebuie să te îngrijorezi. Deși pare foarte complicat să stabilești un loc pentru fiecare obiect, e mult mai simplu decât să decizi ce să păstrezi şi ce să arunci. De vreme ce ai hotărât deja ce păstrezi în funcție de tipul de obiect şi de vreme ce toate acele obiecte aparțin aceleiaşi categorii, tot ce ai de făcut este să le depozitezi unele lângă altele.

Motivul pentru care fiecare obiect are nevoie de un loc stabilit este că existența unui obiect fără un loc al lui creşte şansele ca spațiul tău să cadă din nou pradă dezordinii. Să spunem, de exemplu, că ai un raft pe care nu se află nimic. Ce se întâmplă dacă cineva lasă pe acel raft un obiect care nu are un loc stabil? În acel singur obiect stă prăbuşirea ta. În cel mai scurt timp, acel spațiu în care se menținuse ordinea va fi acoperit de obiecte, de parcă cineva ar fi strigat: „Hai, strângeți-vă toți aici!"

Trebuie doar să stabileşti un loc pentru fiecare obiect o singură dată. Încearcă. Rezultatele te vor uimi. Nu vei mai cumpăra mai mult decât ai nevoie. Lucrurile pe care le deții nu se vor mai acumula. De fapt, stocul tău se va reduce. Esența depozitării eficiente este aceasta: stabileşte un loc pentru absolut fiecare lucru pe care îl ai. Dacă ignori acest principiu de bază şi începi să experimentezi gama vastă de idei de depozitare care sunt promovate, îți va părea rău. Acele „soluții" de depozitare nu sunt nimic altceva decât mijloace de a îngropa obiecte care nu-ți fac plăcere.

Unul dintre motivele principale ale recăderii este eşecul acțiunii de a stabili câte un loc pentru fiecare obiect. Fără un loc fixat, unde vei pune obiectele când ai terminat să le foloseşti? Odată ce alegi un loc pentru obiectele tale, vei putea să-ți ții casa în ordine. Aşa că, decide unde este locul obiectelor tale şi, când nu le mai foloseşti, pune-le acolo. Aceasta este cerința principală în cazul depozitării.

Întâi aruncă, depozitează mai târziu

Participanții la cursurile mele sunt foarte uimiți când le arăt fotografii „înainte-după" ale caselor clienților mei. Cea mai frecventă reacție este: „Camera pare atât de goală!" Este adevărat. În multe cazuri, clienții aleg să nu lase nimic pe podea și nimic care să împiedice privirea. Până și rafturile de cărți e posibil să fi dispărut. Dar asta nu înseamnă că și-au aruncat toate cărțile. Probabil rafturile pentru cărți sunt acum în dulap. Plasarea rafturilor pentru cărți într-un dulap mare este unul dintre standardele mele de depozitare. Dacă dulapul tău dă deja pe dinafară, ai putea crede că biblioteca n-o să încapă niciodată. De fapt, probabil că 99% dintre cititorii mei au această impresie. Dar s-ar putea să fie spațiu suficient.

Spațiul de depozitare din camera ta este, de fapt, exact cât trebuie. Nenumărați oameni mi s-au plâns că n-au destul spațiu, dar n-am văzut încă o casă în care să nu existe destul loc pentru depozitare. Adevărata problemă este că avem mult mai mult decât este nevoie sau decât ne dorim. Învățând să-ți alegi obiectele corect, vei rămâne cu volumul care se potrivește perfect spațiului pe care-l ai. Aceasta este adevărata magie a ordinii. Poate părea incredibil, dar metoda mea de a păstra numai ceea ce aduce bucurie în suflet este chiar atât de precisă. Tocmai de aceea trebuie să începi prin a arunca. După ce ai făcut asta, e ușor să decizi unde trebuie să stea lucrurile, pentru că ele vor fi fost reduse la la o treime sau chiar la o pătrime din câte erau la început. Invers, indiferent cât de mult faci ordine și indiferent cât de eficientă este metoda de depozitare, dacă începi să depozitezi înainte să elimini excesul, vei ajunge la neorânduială. Știu, pentru că mi s-a întâmplat și mie.

Da, mie. Deşi te avertizez să nu devii un expert în depozitare, deşi insist să uiţi de depozitare până când nu ţi-ai redus lucrurile, nu cu mult timp în urmă, 90% dintre gândurile mele erau concentrate exclusiv asupra depozitării. Am început să mă gândesc serios la acest subiect încă de când aveam cinci ani, aşa că această parte a carierei mele a durat încă mai mult decât pasiunea mea pentru îndepărtarea obiectelor, pe care am descoperit-o abia în adolescenţă. În acea perioadă, îmi petreceam cea mai mare parte a timpului cu o carte sau o revistă în mână, încercând fiecare metodă de depozitare şi făcând fiecare greşeală posibilă.

Indiferent că era vorba de camera mea, de cele ale fraţilor mei sau chiar de şcoala mea, îmi petreceam zilele examinând conţinutul sertarelor şi al dulapurilor şi mutând obiectele cu câţiva milimetri de fiecare dată, încercând să găsesc aranjamentul perfect. „Ce s-ar întâmpla dacă aş muta cutia aceasta acolo?" „Ce s-ar întâmpla dacă aş scoate despărţitorul acesta?"

Indiferent unde eram, închideam ochii şi rearanjam, în mintea mea, conţinutul unui dulap sau al unei camere de parcă ar fi fost piesele unui mozaic. Petrecându-mi tinereţea cufundată în acest subiect, am căzut pradă iluziei că depozitarea ar fi o formă de concurs intelectual, având ca obiect să văd cât de mult puteam face să încapă într-un spaţiu de depozitare prin organizare raţională. Dacă era un spaţiu între două obiecte de mobilier, înghesuiam acolo un recipient de depozitare şi îl umpleam cu lucruri, contemplându-l triumfătoare când era plin. Cândva pe parcurs, începusem să-mi văd lucrurile şi chiar casa ca pe un adversar pe care trebuia să-l înfrâng şi eram tot timpul în poziţie de luptă.

Depozitarea. Urmăreşte simplitatea absolută

Când mi-am început afacerea, am presupus că va trebui să vin cu proiecte miraculoase pentru depozitat — soluţii inteligente pe care le-ai putea găsi într-o revistă, cum ar fi un set de rafturi care să se potrivească perfect într-un spaţiu minuscul pe care nimeni altcineva nu s-ar fi gândit să-l folosească. Aveam o idee ciudată că numai în acest fel mi-aş putea satisface clienţii. Până la urmă, în orice caz, astfel de idei inteligente sunt aproape întotdeauna nepractice şi servesc numai ca să mulţumească ego-ul designerului.

Ca să dau doar un exemplu, odată, când ajutam o clientă să-şi organizeze casa, am dat peste o placă rotativă asemănătoare celor de dedesubtul meselor care se învârt din restaurantele chinezeşti. Servise, inţial, ca suport pentru cuptorul cu microunde, dar acesta dispăruse de mult. Imediat ce am văzut-o, mi-a venit ideea genială s-o transform într-o unitate de depozitare. Mi-era greu să decid unde ar fi putut fi folosită, dat fiind că era destul de mare şi groasă, dar apoi, întâmplător, clienta a menţionat că avea atât de multe sosuri pentru salată încât nu le putea ţine în ordine. Am deschis dulapul pe care mi-l arătase şi, desigur, era plin de sticle cu sosuri pentru salată. Le-am scos pe toate afară şi am încercat să introduc placa turnantă. Se potrivea perfect. Am încărcat-o şi, iată!, am obţinut un spaţiu de depozitare la fel de şic şi ordonat ca unul din magazin. Putea să ajungă la sticlele din spate pur şi simplu rotind placa. Ce convenabil! Clienta mea era încântată şi totul părea perfect.

N-a trecut mult şi mi-am dat seama de greşeală. La următoarea lecţie, i-am verificat bucătăria. Deşi în mare era încă ordonată şi curată, când am deschis uşa dulapului cu sosuri pentru salată, am văzut că înăuntru era un dezastru. Când am întrebat de ce, mi-a răspuns că, de fiecare dată când învârtea placa, sosurile alunecau și se răsturnau. În plus, avea prea multe sticle, așa că o pusese pe cea fără loc pe marginea plăcii, făcând-o mai greu de învârtit.

După cum vezi, am fost atât de concentrată să folosesc placa rotativă ca să creez un spațiu de depozitare fantastic, încât mi-a scăpat din vedere ce depozitam — sticle care alunecă și se răstoarnă ușor. Când m-am gândit la asta cu mai multă atenție, mi-am dat seama și că nimeni nu are nevoie de acces frecvent la lucrurile depozitate în spatele unui dulap, așa că nu era nevoie de o placă rotativă. În plus, formele rotunde iau prea mult din spațiu și creează spații goale, ceea ce le face nepotrivite pentru depozitat. În cele din urmă, am înlăturat placa rotativă, am pus sticlele într-o cutie pătrată și le-am așezat din nou în dulap. Deși simplă și convențională, după părerea clientei mele, această metodă era mult mai ușor de folosit. În urma acestei experiențe, am ajuns la concluzia că metodele de depozitare ar trebui să fie cât mai simple. Nu are niciun rost să scornești abordări complicate. Când ai îndoieli, întreabă-ți casa și obiectul care trebuie depozitat care este cea mai bună soluție.

Cei mai mulți oameni își dau seama că dezordinea e determinată de existența a prea multe lucruri. Dar de ce avem prea multe lucruri? De obicei, pentru că nu ne dăm seama cât de mult deținem de fapt. Și nu ne dăm seama de cât deținem de fapt din cauza metodelor de depozitare prea complicate. Capacitatea de a evita stocurile în exces depinde de capacitatea de a simplifica depozitarea. Secretul menținerii unei camere în ordine stă în a căuta simplitatea maximă în ceea ce privește depozitarea, astfel încât să vezi dintr-o privire cât de mult posezi. Spun „simplitatea maximă" dintr-un motiv. Este imposibil să ne amintim fiecare obiect pe care îl avem, chiar dacă ne simplificăm metodele de depozitare. Mi se întâmplă încă în casa mea, unde m-am străduit foarte mult să depozitez cât mai simplu, să observ un obiect de care am uitat cu totul într-un dulap sau într-un sertar. Dacă metodele mele de depozitare ar fi fost mai complexe, de exemplu dacă aş fi împărţit totul pe trei niveluri, în funcţie de frecvenţa de folosire sau de anotimp, sunt sigură că multe alte obiecte ar fi rămas să putrezească în întuneric. În acest caz, are mai mult sens să depozităm cât mai simplu.

Nu împrăştia spaţiile de depozitare

Din motivele descrise anterior, metoda mea de depozitare este extrem de simplă. Am doar două reguli: să depozitez toate obiectele de acelaşi fel în acelaşi loc şi să nu împrăştii spaţiile de depozitare.

Există doar două modalităţi de a împărţi lucrurile în categorii: în funcţie de tipul de obiect şi în funcţie de persoană. Asta este uşor de înţeles dacă te gândeşti la persoane care locuiesc singure, în opoziţie cu persoanele care stau cu familia. Dacă locuieşti singur sau ai o cameră a ta, depozitarea e simplă — doar identifică un spaţiu pentru fiecare tip de obiect. Poţi menţine categoriile la minimum, urmându-le pe acelea folosite şi la sortare. Începe cu hainele, apoi cărţile, hârtiile, acele *komono*, şi, în sfârşit, suvenirele sau obiectele cu valoare sentimentală. Dacă îţi sortezi obiectele în această ordine, poţi depozita fiecare categorie în locul alocat ei imediat ce te-ai hotărât ce să păstrezi.

Poţi să alcătuieşti categorii şi mai permisive. În loc să-ţi împarţi obiectele în tipuri detaliate, foloseşte asemănări cuprinzătoare având drept criteriu materialul, cum ar fi „textile", „papetărie" şi „obiecte care par electrice", şi alege un loc pentru fiecare dintre ele. Asta este mult mai uşor decât a încerca să vizualizezi unde ai putea folosi un obiect sau cât de des l-ai utiliza. Cu metoda mea, vei putea clasifica obiectele mai riguros.

Dacă ai selectat deja lucrurile pe care vrei să le păstrezi pe baza a ceea ce îţi aduce bucurie, atunci vei înţelege ce vreau să spun, pentru că ai colectat deja obiectele pe categorii, le-ai pus într-un singur loc şi le-ai ţinut în mână pentru a lua decizia. Munca pe care ai făcut-o ţi-a exersat capacitatea de a intui ce obiecte trebuie puse împreună şi de a găsi un spaţiu potrivit de depozitare pentru ele.

Dacă locuieşti împreună cu familia, atunci defineşte clar spaţii de depozitare diferite pentru fiecare membru al ei. Acest lucru este esenţial. De exemplu, dacă poţi să stabileşti colţuri separate pentru tine, pentru partenerul tău, şi pentru copii şi să depozitezi tot ceea ce aparţine fiecărei persoane în colţul ei. Asta este tot ce trebuie să faci. Cel mai important aici este să stabileşti un singur loc pentru fiecare persoană, dacă e posibil. Cu alte cuvinte, depozitarea trebuie să se facă într-un singur loc. Dacă locurile de depozitare sunt împrăştiate peste tot, casa întreagă va cădea în dezordine instantaneu. A concentra lucrurile unei persoane într-un singur loc este cel mai eficient mod de a ţine locurile de depozitare în ordine.

Am avut odată o clientă care m-a rugat să-i ajut copilul să fie ordonat. Fiica ei avea trei ani. Când i-am vizitat casa, am descoperit că lucrurile fetiţei erau depozitate în trei locuri diferite — hainele în dormitor, jucăriile în sufragerie, iar cărţile în camera de zi. Urmând principiile de bază ale sortării şi depozitării, am adunat totul în camera cu tatami. Din acel moment, copila a început să-şi aleagă singură hainele pe care dorea să le poarte şi să pună lucrurile la locul lor.

Deși eu dădusem instrucțiunile, am rămas surprinsă. Chiar și un copil de trei ani poate fi ordonat!

Să ai spațiul tău te face fericit. Odată ce simți că îți aparține personal, vrei să-l păstrezi ordonat. Dacă este greu să-i oferi fiecăruia o cameră a lui sau a ei, poți totuși să-i dai fiecăruia spațiul personal de depozitare. Cei mai mulți oameni pe care i-am întâlnit și care nu se pricepeau să facă ordine erau dintre aceia cărora, adesea, mamele le făceau curat în cameră sau care nu avuseseră niciodată un spațiu pe care să-l simtă al lor. Acești oameni își țin adesea hainele în dulapurile copiilor și cărțile pe rafturile partenerilor. Dar să nu ai un spațiu pe care să-l poți numi al tău este periculos. Toți avem nevoie de un sanctuar.

Îmi dau seama că, atunci când începi să faci ordine, tentația mare e să începi cu spații și obiecte care sunt ale întregii case, cum ar fi sufrageria, săpunul sau medicamentele ori diverse electrocasnice și consumabile de uz casnic. Dar, te rog, lasă-le pe acelea pentru mai târziu. Întâi, începe prin a sorta doar lucrurile tale. Alege ce vrei să păstrezi și depozitează în propriul spațiu. Făcând asta, vei învăța principiile de bază ale ordonării casei tale. La fel ca decizia privind obiectele de păstrat, a urma ordinea corectă este foarte important.

Uită de „planul de trafic" și de „frecvența de folosire"

Cărțile serioase despre cum să faci ordine își sfătuiesc, în mod obișnuit, cititorii să ia în calcul planificarea fluxului atunci când concep depozitarea. Nu spun că acest sfat este greșit. Există mulți oameni care aleg metode practice de depozitare gândindu-se atent la traficul din casă, așa că ceea ce afirm aici se aplică numai la metoda KonMari. Iar eu spun să uiți de planul de trafic.

Când o clientă de-a mea, o femeie în jur de 50 de ani, a terminat de sortat și de depozitat lucrurile ei, am atacat lucrurile soțului. Mi-a spus că el trebuia să aibă totul la îndemână, indiferent că era vorba de telecomandă sau de o carte. Când i-am examinat spațiul de locuit, am văzut că, într-adevăr, lucrurile soțului erau depozitate prin toată casa. Exista un raft mic pentru cărțile lui lângă toaletă, un loc pentru genţile lui în holul de la intrare și sertare pentru șosetele și lenjeria lui lângă baie. Dar asta nu mi-a schimbat politica. Eu insist întotdeauna ca depozitarea să se facă într-un singur loc, așa că i-am spus clientei să mute lenjeria, șosetele și genţile soțului ei în dulapul pentru costume. A devenit puțin neliniștită.

„Dar lui îi place să-și țină lucrurile acolo unde le folosește", a spus ea. „Dacă se supără?"

O greșeală comună multor oameni este să decidă unde să-și depoziteze lucrurile urmărind accesul cât mai ușor la ele. Această abordare este o capcană fatală. Dezordinea e determinată de faptul că lucrurile nu sunt puse înapoi la locul lor. De aceea, depozitarea ar trebui să reducă efortul de a pune lucrurile la loc, nu efortul de a le lua de la locul lor. Când folosim ceva, avem un scop foarte clar pentru a-l lua de la locul lui. Doar dacă, din cine știe ce motiv, e foarte greu să-l scoatem, nu ne deranjează în general efortul de a-l lua. Dezordinea are numai două cauze posibile: a pune lucrurile la loc reprezintă un efort prea mare sau nu e clar unde este locul fiecărui lucru. Dacă trecem cu vederea acest punct crucial, e posibil să creăm un sistem care va sfârși în dezordine. Unor oameni asemenea mie, care sunt leneși de la natură, le recomand cu căldură să-și depoziteze lucrurile într-un singur loc. Adesea, ideea că e mai comod să ții toate obiectele la îndemână este o prejudecată greșită.

Mulți oameni își concep depozitarea în funcție de direcția traficului din casa lor, dar cum crezi că s-a creat acest plan al traficului, în primul rând? În aproape orice casă, planul de trafic nu este determinat de ceea ce face o persoană în timpul zilei, ci de locul unde își depozitează lucrurile. Am putea crede că am depozitat lucrurile astfel încât să corespundă comportamentului nostru, dar, de obicei, ne adaptăm inconștient acțiunile în funcție de locul unde sunt depozitate lucrurile. A proiecta un spațiu de depozitare care să urmeze planul traficului curent din casă înseamnă numai să dispersezi spațiile de depozitare prin toată casa. Acest lucru, la rândul lui, nu va face decât să crească posibilitatea să acumulăm mai multe lucruri și să uităm ce avem deja, făcându-ne viața mai complicată.

Luând în considerare dimensiunea medie a unei locuințe japoneze, un proiect de depozitare care urmărește planul de trafic nu va aduce o schimbare atât de mare. Dacă durează numai 20 de secunde să mergi de la un capăt la altul al casei tale, chiar trebuie să-ți faci griji în legătură cu planul de trafic? Dacă scopul tău este să ai o cameră fără dezordine, este mult mai important să-ți concepi depozitarea astfel încât să vezi dintr-o privire unde sunt toate, decât să îți faci griji cu privire la cine ce face, unde și când.

Nu are rost să te complici. Stabilește doar unde să-ți pui lucrurile în funcție de construcția casei și problemele tale de depozitare vor fi rezolvate. Casa ta știe deja unde este locul obiectelor. De aceea, metoda de depozitare pe care o folosesc este uimitor de simplă. Ca să fiu cinstită, îmi amintesc unde este locul obiectelor în aproape toate casele clienților mei. Atât este de simplă metoda mea! N-am luat niciodată în considerare planul de trafic când mi-am ajutat clienţii la organizare; cu toate astea, niciunul dintre ei nu a avut vreo problemă. Dimpotrivă, odată ce au creat un plan simplu de depozitare, n-a trebuit să se gândească unde trebuie să stea ceva, devine natural să pună lucrurile la locul lor şi, în consecinţă, casa nu mai e în neorânduială.

Depozitează tot ce e asemănător în acelaşi loc sau în apropiere. Dacă urmezi acest sfat, vei constata că ai creat un plan de trafic natural. De asemenea, nu este nevoie să ţii cont de frecvenţa de folosire când concepi spaţiul de depozitare. Unele cărţi despre cum să faci ordine oferă metode care clasifică lucrurile pe şase niveluri în funcţie de frecvenţa de folosire: zilnic, o dată la trei zile, o dată pe săptămână, o dată pe lună, o dată pe an şi mai puţin de o dată pe an. Sunt oare singura căreia i se învârte capul numai la gândul de a-şi împărţi sertarele în şase compartimente? Utilizez cel mult două categorii în funcţie de frecvenţa de folosire: lucrurile pe care le folosesc des şi lucruri pe care nu le folosesc des.

Să luăm de exemplu conţinutul unui sertar. În mod normal, o să păstrezi lucrurile pe care le foloseşti mai puţin în partea din spate a sertarului şi cele pe care le foloseşti mai des, în partea din faţă. Nu e nevoie să decizi asta când proiectezi spaţiul de depozitare. Când decizi ce să păstrezi, întreabă-ţi inima — când decizi unde să depozitezi ceva, întreabă-ţi casa. Dacă-ţi aminteşti să faci asta, vei şti instinctiv cum să procedezi în organizarea şi depozitarea lucrurilor tale.

Niciodată nu face teancuri, depozitarea verticală este soluţia

Sunt oameni care pun totul în teancuri, indiferent că sunt cărţi, hârtii sau haine. Dar asta e o mare risipă. Când vine vorba de depozitat, așezarea verticală este cea mai bună. Sunt obsedată când vine vorba de aspectul acesta. Depozitez totul vertical dacă este posibil, inclusiv haine, pe care le împăturesc și le așez pe o latură în sertare, și dresuri, pe care le înfășor și le pun vertical într-o cutie. La fel procedez în cazul papetăriei sau al instrumentelor de scris: fie că sunt cutii, fie capse, rulete sau gume de șters, le așez pe verticală. Îmi țin și laptopul în raftul cu cărți de parcă ar fi, realmente, o agendă. Dacă ai spațiu de depozitare suficient, dar nu îți ajunge, depozitează lucrurile vertical. Vei vedea că asta rezolvă cele mai multe probleme.

Eu depozitez lucrurile vertical și evit să le stivuiesc din două motive. În primul rând, dacă le stivuiești, vei ajunge la un spațiu de depozitare interminabil. Lucrurile pot fi stivuite la nesfârșit unele peste altele, ceea ce face mai greu de observat creșterea volumului. În schimb, când lucrurile sunt depozitate vertical, orice creștere ia din spațiu și, în cele din urmă, vei rămâne fără loc de depozitare. Când se va întâmpla asta, vei remarca: „Ah, iar am început să acumulez lucruri".

Celălalt motiv este acesta: stivuirea lucrurilor presează obiectele de dedesubt. Când lucrurile sunt puse unele peste altele, cele de dedesubt sunt strivite. Stivuitul slăbește și deteriorează lucrurile care sprijină greutatea teancului. Imaginează-ți cum te-ai simți dacă ar trebui să cari o greutate mare cu orele. În plus, lucrurile din teanc practic dispar, întrucât uităm până și că există. Când ne punem hainele în teancuri, una deasupra celeilalte, hainele de dedesubt sunt folosite din ce în ce mai puțin. Piesele de îmbrăcăminte care nu-i mai încântă pe clienții mei, chiar dacă le-au plăcut când le-au cumpărat, sunt, adesea, cele care au petrecut mult timp la baza teancului.

Asta se aplică la fel de bine și la hârtii și documente. Imediat ce un alt document este plasat în vârf, primul pierde puțin din atenția noastră și, până să ne dăm seama, amânăm să ne mai ocupăm de el sau îl uităm cu totul. Așa că, din aceste motive, recomand depozitarea pe verticală a tot ceea ce poate fi pus în această poziție. Încearcă să iei un teanc pe care îl ai deja și să-l așezi vertical. Doar făcând asta, îți vei da seama de volumul lucrurilor din teancul acela. Depozitarea verticală poate fi folosită oriunde. Frigiderele în dezordine sunt ceva comun, dar conținutul lor poate fi organizat rapid și ușor punând lucrurile vertical. Întâmplător, ador morcovii, de exemplu. Dacă îmi deschizi frigiderul, vei găsi morcovi în suportul pentru sticle de pe ușă.

Nu e nevoie de recipiente speciale de depozitare

Lumea este plină de recipiente de depozitare comode: despărțitoare ajustabile, rafturi de pânză, care pot fi agățate de bara din dulapul tău, rafturi înguste care se potrivesc în spații mici. Poți găsi recipiente de depozitare la care nici nu te-ai gândit vreodată în orice magazine, de la acele locale de 1 bănuț la acele luxoase de mobilier șic și decorațiuni interioare. Am fost eu însămi, la un moment dat, o fanatică a depozitării, așa că, o perioadă, am încercat aproape fiecare obiect care se găsea pe piață, inclusiv pe cele mai ciudate și mai exotice. Cu toate acestea, nu mai am aproape niciunul în casă.

Recipientele de depozitare pe care le vei găsi în casa mea sunt câteva seturi de sertare transparente pentru haine și *komono*-uri, un set de sertare de carton pe care le folosesc din primii ani de liceu și un coș de ratan pentru prosoape. Atât. În afară de acestea, există rafturi în perete la bucătărie și în baie și dulapul de pantofi din holul de la intrare. N-am nevoie de un raft de cărți, pentru că îmi țin cărțile și hârtiile pe unul dintre rafturile dulapului de pantofi. Dulapurile și rafturile încastrate în perete, departe de a fi mari, sunt mai mici decât media. În principiu, singurele recipiente de depozitare de care ai nevoie sunt clasicele sertare și cutiile simple — nu-ți trebuie nimic special sau șic.

Oamenii mă întreabă adesea ce recomand, așteptându-se, fără îndoială, să le mărturisesc vreo armă a depozitării ținută secretă până atunci. Dar îți pot spune chiar acum: nu e nicio nevoie să cumperi separatoare și alte gadgeturi. Poți rezolva problemele depozitării cu lucrurile pe care le ai în casă. Recipientul pe care-l folosesc cel mai des este o cutie goală de pantofi. Am încercat tot felul de obiecte de depozitare, dar n-am găsit niciunul care să fie gratis și mai bun decât cutia de pantofi. Aceasta are note peste medie la toate cele cinci criterii ale mele: dimensiune, material, durabilitate, ușurință de utilizare și atractivitate. Aceste calități bine echilibrate și adaptabilitatea sunt marile ei merite. Mai nou, pantofii vin în cutii care au și un design drăguț. Îmi întreb adesea clienții, atunci când le vizitez casele: „Aveți cutii de pantofi?"

Cutiile de pantofi se pot folosi în moduri infinite. Eu le utilizez frecvent ca să țin șosete și dresuri în sertare. Înălțimea cutiei de pantofi este perfectă pentru așezarea verticală a ciorapilor rulați. În baie pot fi folosite la depozitarea sticlelor de șampon, balsam etc., și sunt perfecte și pentru a ține detergenții și alte obiecte de curățat din gospodărie. În bucătărie le întrebuințez ca să țin produse alimentare sau saci de gunoi, prosoape de vase etc. Le folosesc și pentru tăvi de prăjituri, platouri pentru plăcinte și alte ustensile de gătit pe care nu le utilizez frecvent. Cutia poate fi apoi depozitată pe un raft de mai sus. Nu știu din ce motiv, unii oameni preferă să-și țină tăvile de copt în pungi de plastic, dar acestea sunt mult mai ușor de folosit când sunt depozitate în cutii de pantofi. Această soluție extrem de simplă este foarte populară printre clienții mei. Sunt mereu încântată când îmi spun că fac prăjituri mai des de când au reorganizat. Capacul unei cutii de pantofi nu este adânc și poate fi folosit ca tavă. Poate fi pus în dulap, să ții în el uleiurile de gătit și condimentele, astfel încât suprafața de jos a acestuia să rămână curată. Spre deosebire de alte materiale de acoperit rafturile, aceste capace nu alunecă și sunt mult mai ușor de înlocuit. Dacă ții ustensilele pentru gătit, cum ar fi polonicele, în sertar, poți folosi capacele cutiilor de pantofi ca să le sprijini. Acestea împiedică ustensilele să se rostogolească zgomotos în sertar ori de câte ori îl deschizi și îl închizi și, pentru că se comportă ca un despărțitor, poți să folosești spațiul rămas mai eficient.

Desigur, există multe alte tipuri de cutii care se pot transforma în recipiente comode de depozitat. Cele pe care le folosesc eu cel mai des sunt suporturile de plastic pentru cărți de vizită și pentru iPod-uri. De fapt, multe dintre cutiile care conțin produse Apple au dimensiunea și designul potrivite, așa că, dacă aveți, vă recomand să le întrebuințați ca despărțitoare în sertare. Sunt perfecte pentru ținut stilouri, creioane și alte instrumente de scris. Un alt obiect standard sunt recipientele suplimentare de plastic pentru produse alimentare, care pot fi utilizate pentru depozitarea obiectelor mici din bucătărie.

În principiu, orice cutie sau recipient de formă pătrată și de dimensiunea potrivită sunt bune. Cutiile mari de carton sau cutiile de la aparatura electrică sunt însă prea voluminoase ca să poată fi folosite ca despărțitoare, incomode pentru alte tipuri de depozitare și, pur și simplu, urâte. Te rog, scapă de ele. Ori de câte ori dai peste cutii asemănătoare când faci curățenie și-ți sortezi lucrurile, pune-le într-un loc până când ești gata să începi depozitarea. Asigură-te că le arunci pe cele care ți-au rămas, după ce ți-ai pus casa în ordine. Nu te agăța niciodată de ele, crezând c-o să le folosești într-o zi.

Nu recomand folosirea recipientelor rotunde, în formă de inimă sau neregulate ca despărțitoare, pentru că, de obicei, iau din spațiu. Totuși, dacă o anumită cutie te bucură atunci când o iei în mână, este altceva. S-o arunci sau s-o păstrezi fără s-o folosești ar fi o pierdere, așa că, în acest caz, ar trebui să-ți urmezi intuiția și s-o întrebuințezi pentru depozitare. Poți să folosești, de exemplu, astfel de cutii într-un sertar pentru accesorii de păr sau ca să păstrezi demachiante de bumbac ori trusa ta de cusut. Creează-ți propriile combinații originale potrivind un obiect care trebuie depozitat într-o cutie goală. Cea mai bună metodă este să experimentezi și să te distrezi pe parcurs.

Când clienții mei folosesc astfel obiectele pe care le au în casă, descoperă întotdeauna că au exact ceea ce le trebuie ca să-și depoziteze lucrurile. Nu trebuie să meargă să cumpere recipiente de depozitat. Desigur, există o mulțime de obiecte de marcă în magazine. Dar acum cel mai important lucru este să-ți pui casa în ordine cât mai repede posibil. Decât să-ți cumperi ceva ce-ți folosește pe moment, mai bine așteaptă să termini întregul proces și apoi poți să cauți obiectele de depozitare care îți plac cu adevărat.

Cea mai bună modalitate de a depozita genţi este în alte genţi

Poşetele, sacoşele şi alte genţi care nu sunt folosite sunt goale. La un moment dat în evoluţia acestei afaceri, m-a izbit faptul că ele ocupau foarte mult spaţiu, mai ales că erau ţinute în locurile principale de depozitare. Nu numai că ocupau mult spaţiu pentru că nu puteau fi împăturite, ci erau adesea umplute cu hârtie ca să-şi menţină forma. În casele japoneze, unde spaţiul de depozitare este extrem de limitat, asta părea o impardonabilă risipă extravagantă de spaţiu. Faptul că hârtia începea adesea să se fărâmiţeze nu făcea decât să toarne gaz pe foc.

Hotărâtă să găsesc o soluţie, am început să experimentez. Întâi, am decis să scap de hârtie. La urma urmelor, să scapi de lucrurile care nu-ţi aduc bucurie e cheia abordării mele. În schimb, am încercat să umplu geanta cu obiecte mici de extrasezon. Vara foloseam eşarfe şi mănuşi, iarna ţineam în ele costume de baie. Genţile nu numai că-şi menţineau forma, ci dublau spaţiul de depozitare. Am fost încântată că am găsit o soluţie prin care împuşcam doi iepuri dintr-o lovitură. Dar, într-un an, am abandonat această soluţie. Deşi în teorie părea o idee minunată, faptul că trebuia să scot obiectele ori de câte ori doream să folosesc o geantă era o corvoadă, iar obiectele scoase începuseră să aglomereze dulapul.

N-am renunţat, desigur. Am continuat să caut un fel de umplutură care să nu se destrame. Următoarea mea idee a fost să pun obiectele mici într-un săculeţ din material subţire înainte să umplu geanta. Era uşor să le scot, iar săculeţul din material textil arăta drăguţ, expus în dulap. Am fost mulţumită că am găsit o altă soluţie revoluţionară.

Dar şi această soluţie avea un neajuns ascuns. Nu puteam să văd obiectele de extrasezon dinăuntru şi, când le-a venit vremea, am uitat complet să golesc două aflate în interiorul genţilor. Abia după un an le-am observat şi, până atunci, conţinutul lor ajunsese să arate depăşit. Asta m-a făcut să cad pe gânduri. În ciuda faptului că politica mea în cazul hainelor şi al altor obiecte este să ţin lucrurile de extrasezon la vedere, m-am amăgit prosteşte că-mi voi aminti să scot ceea ce nu puteam vedea.

Am golit săculeţii de material textil şi am eliberat obiectele din interior, dar genţile pe care le sprijiniseră arătau flasce. Aveam nevoie de ceva care să le ajute să-şi menţină forma, însă, în mod sigur, nu doream să le umplu cu haine de extrasezon de care s-ar fi putut să uit. Neştiind ce să fac, am decis să pun provizoriu o geantă înăuntrul alteia. Aceasta însă s-a dovedit a fi soluţia perfectă. Depozitând genţile una într-alta, am redus la jumătate spaţiul necesar şi am avut sub control conţinutul lor, lăsând baretele să atârne afară.

Secretul este să pui împreună acelaşi tip de genţi. Seturile trebuie să fie formate din genţi asemănătoare ca material, de exemplu piele sau tricot foarte gros, poşete pentru ocazii speciale, cum ar fi nunţi sau înmormântări. Când le împarţi în funcţie de material şi/sau de folosire nu trebuie să scoţi decât un singur set atunci când ai nevoie de o geantă. Aşa este mult mai uşor. Reţine totuşi că nu trebuie să depozitezi prea multe genţi într-una singură. Regula mea de bază este să nu ţin mai mult de două într-una şi să mă asigur că le depozitez aşa încât să nu uit ce este în interior. În cazul genţilor tip sacoşă care se fac surprinzător de mici după împăturire, recomand să le depozitezi pe toate într-una singură.

Rezumând, cea mai bună metodă de a depozita poşete plic, de mână şi altele este să faci seturi în funcţie de material, dimensiune şi frecvenţa de folosire şi să le introduci una într-alta, ca pe cutiile în set. Toate curelele şi mânerele trebuie lăsate la vedere. Dacă geanta pe care o foloseşti pentru depozitare a venit într-un săculeţ, îl poţi folosi pe acela pentru a depozita setul. Procesul depozitării genţilor una într-alta, al găsirii combinaţiilor potrivite e foarte amuzant, ca atunci când faci un puzzle. Când ai găsit perechea potrivită, când geanta din exterior se potriveşte atât de bine cu cea din interior încât se susţin una pe alta este ca şi cum ai fi martor la o întâlnire menită să se întâmple.

Goleşte-ţi geanta zilnic

Sunt lucruri de care ai nevoie în fiecare zi, cum ar fi portofelul, abonamentul de transport şi agenda. Mulţi oameni nu văd niciun rost în a le scoate pe acestea când vin acasă pentru că urmează să le folosească a doua zi, dar asta este o greşeală. Scopul unei genţi este să-ţi ducă lucrurile când nu eşti acasă. Îţi umpli geanta cu lucrurile de care ai nevoie, cum ar fi actele, telefonul mobil, portofelul, şi ea le poartă fără să se plângă, chiar dacă e plină până la refuz. Când o pui jos şi hârşâi cu ea podeaua, nu scoate o vorbă de critică făcând tot ce poate ca să te susţină. Ce lucrător conştiincios! Ar fi crud să nu-i dai o pauză măcar acasă.

S-o ţii tot timpul umplută chiar când nu e folosită trebuie să fie ca atunci când ai merge la culcare cu stomacul plin. Dacă îţi tratezi genţile aşa, vor arăta în curând obosite şi uzate.

Dacă nu te obişnuieşti să-ţi goleşti geanta e foarte probabil să laşi ceva înăuntru când te hotărăşti să foloseşti o alta, şi, până să-ţi dai seama, vei fi uitat ce ai în fiecare geantă. Negăsind un stilou sau un balsam de buze, vei sfârşi prin a-ţi cumpăra unul nou. Cele mai obişnuite obiecte găsite în genţile clienţilor mei, atunci când le-am făcut ordine în cameră, au fost şerveţele, monede, bonuri fărâmiţate şi gumă de mestecat folosită, împachetată în ambalajul ei. Există un pericol real ca obiecte importante precum accesorii, notiţe sau documente să se amestece cu acestea.

Aşadar, goleşte-ţi geanta zilnic. Asta nu e aşa o corvoadă precum pare. Trebuie doar să stabileşti un loc pentru lucrurile dinăuntrul ei. Găseşte o cutie şi pune-ţi vertical în ea abonamentul de transport, legitimaţia de la companie şi alte obiecte importante. Apoi, pune cutia aşa cum este într-un sertar sau dulap. Poţi folosi orice cutie, dar, dacă nu găseşti una de dimensiunea potrivită, o cutie de pantofi e numai bună. Sau poţi face loc într-un colţ de sertar, fără să mai foloseşti o cutie. Aspectul exterior este important, aşa că, dacă optezi pentru o cutie, nu ezita să alegi una care-ţi place cu adevărat. Unul dintre cele mai bune locuri pentru păstrarea acestei cutii este deasupra seturilor de sertare pentru depozitare şi este şi mai comod dacă acestea se află în apropierea locului unde-ţi ţii geanta.

Dacă nu-ţi poţi goli uneori geanta, e în regulă. Sunt dăţi când vin acasă seara târziu şi nu mă mai deranjez s-o golesc pentru că plănuiesc s-o folosesc iar la muncă a doua zi dimineaţa devreme. Fie vorba între noi, în timp ce scriam această carte, au fost seri în care am ajuns acasă şi am adormit pe podea, fără ca măcar să-mi schimb hainele. Important este să creezi un mediu în care geanta ta să se relaxeze, stabilind un loc pentru lucrurile pe care le porţi de obicei în ea.

Locul obiectelor de pe podea este în dulap

Dacă ai dulapuri sau garderobe încastrate în casă, cele mai multe lucruri pot fi depozitate înăuntrul lor. Dulapurile japoneze sunt spații ideale de depozitare. Sunt adânci și largi, având între partea de sus și cea de jos un raft solid, și există deasupra un dulap construit în perete. Dar mulți japonezi nu știu cum să profite de acest spațiu. Pentru aceia dintre voi care aveți astfel de dulapuri, cea mai bună politică este să le folosiți cu încredere. Indiferent cât ai să te străduiești să proiectezi un recipient ingenios care să-ți rezolve toate problemele de depozitare, rezultatul final este întotdeauna mai dificil de utilizat decât ce se află deja acolo.

Principala metodă pentru a folosi eficient un dulap este cea pe care ți-o prezint în continuare. Întâi, ca regulă generală, obiectele de extrasezon trebuie depozitate în spațiul cel mai greu accesibil. Asta include decorațiunile de Crăciun, echipamentele de schi, de drumeție sau alte echipamente și accesorii de sporturi sezoniere. Acesta este, de asemenea, cel mai bun loc pentru suvenire voluminoase care nu încap într-o cutie, cum ar fi albumul de la nuntă sau alte albume foto. Dar nu le pune în cutii de carton. În schimb, așază-le vertical, spre partea din față a dulapului, cum faci cu cărțile în bibliotecă. Altfel, s-ar putea să nu le mai vezi niciodată.

Hainele de fiecare zi ar trebui depozitate în dulap. Dacă folosești huse de plastic transparent, ți le recomand călduros pe cele pentru sertar decât pe cele tip cutie. În secunda în care hainele sunt puse în cutie, devin complicat de mutat și, în cele mai multe cazuri, oamenii nu se mai deranjează nicicând să le scoată, chiar și atunci când revine sezonul lor. Și, bineînțeles, împăturește și așază vertical hainele în sertar.

Aşternuturile de pat se depozitează cel mai bine pe raftul de sus al dulapului, unde sunt cel mai puțin expuse la umiditate și praf. Spațiul de jos poate fi folosit pentru depozitarea aparaturii electrice de extrasezon, cum ar fi ventilatoarele sau aparatele de încălzit locuința. Cel mai bun mod de a întrebuința un dulap japonez este să te gândești la el ca la o cameră mică și să depozitezi lucrurile din el în sertare sau în alte obiecte pentru depozitare. Am avut o clientă care își ținea toate hainele libere în dulap. Când am deschis ușa, arăta ca o rampă de gunoi, iar hainele dinăuntru erau o grămadă încurcată. Este mult mai eficient să-ți muți toate recipientele de depozitare în dulap. Eu pun acolo de obicei stative de oțel, rafturi de cărți și dulăpioare și rafturi de placaj care, de asemenea, pot fi folosite pentru a așeza cărți. Depozitez de asemenea obiecte mari care ocupă spațiu pe podea — de exemplu, valize, crose de golf, aparate electrice sau chitare — tot în dulap. Sunt sigură că mulți dintre clienții mei n-au crezut că le-ar încăpea toate lucrurile în dulap, dar, după ce au folosit metoda KonMari pentru a sorta amănunțit și a arunca, a fost chiar simplu.

Păstrează curate cada de baie și chiuveta din bucătărie

Câte sticle de șampon și balsam sunt împrăștiate în jurul căzii tale? Diferiții membri ai familiei pot folosi produse diferite sau poate tu ai mai multe, pe care le întrebuințezi în funcție de dispoziție ori pentru tratamente săptămânale. Dar e așa de greu să le muți când cureți cada. Dacă le ții pe podeaua dușului sau pe marginea căzii, devin lipicioase. Pentru a evita asta, unii oameni folosesc un coș de sârmă ca recipient, dar, din experiența mea, asta face lucrurile și mai rele.

Am cumpărat odată un coș de sârmă mare, în care să încapă toate săpunurile, șampoanele și chiar măștile faciale ale întregii familii. Încântarea mea față de acest recipient comod a fost de scurtă durată. La început l-am uscat de fiecare dată după baie, dar, curând, ștergerea fiecărei sârme a devenit o corvoadă și am făcut-o o dată la trei zile, apoi mai puțin, până când am uitat complet să am grijă de el. Într-o zi, am observat că sticla de șampon era roșie și lipicioasă pe fund. Examinând recipientul, am observat că era atât de acoperit de mâzgă încât n-am putut să mă uit la el. Aproape în lacrimi, am frecat recipientul de sârmă și, nu peste mult timp, l-am aruncat. Era prea multă bătaie de cap și, de câte ori intram în baie și-l vedeam, îmi aminteam episodul dezgustător cu mâzga. Ar fi trebuit să-mi dau seama că baia e cel mai umed loc din casă, ceea ce o face, în mod evident, cel mai nepotrivit loc pentru a depozita orice.

Nu are rost să ții săpunurile și șampoanele afară atunci când nu le folosești, iar expunerea adițională la căldură și umezeală, atunci când nu sunt utilizate, le afectează calitatea. De aceea, politica mea este să țin totul în afara căzii sau dușului. Tot ce este folosit în baie trebuie oricum uscat după aceea, așa că are mai mult sens să ștergi cele câteva obiecte întrebuințate cu prosopul de baie și să le pui în dulap. Deși pare mai multă muncă la prima vedere, este, de fapt, mai puțină. E mult mai simplu și mai rapid să cureți cada sau dușul fără ca aceste obiecte să aglomereze locul și acolo se va produce mai puțină mâzgă.

Același lucru e valabil pentru chiuveta de la bucătărie. Ții bureții și lichidul de curățat vasele pe chiuvetă? Eu le pun sub ea. Secretul este să te asiguri că buretele este complet uscat. Mulți oameni folosesc un recipient de sârmă cu niște cupe de colectare care este atârnat de chiuvetă. Dacă și tu faci așa, îți recomand să-l înlături imediat. Nu se poate usca dacă este împroșcat cu apă ori de câte ori folosești chiuveta, astfel încât va începe în curând să miroasă. Ca să previi acest lucru, stoarce bine buretele după ce l-ai folosit și atârnă-l să se usuce. Poți folosi un cârlig de rufe ca să-l agăți de bara de prosoape sau de mânerul unui sertar de la bucătărie, dacă nu ai o bară pentru prosoape. Personal, recomand să agăți bureții afară, de exemplu pe sârma de rufe.

Eu usuc nu doar bureții, ci și tocătoarele, strecurătoarele și vasele pe verandă. Lumina soarelui e un bun dezinfectant, iar bucătăria mea arată foarte curată fiindcă n-am nevoie de un scurgător de vase. De fapt, nici măcar n-am scurgător de vase. Eu pun toate vasele pe care le spăl într-un lighean sau o strecurătoare mare și le pun pe verandă la uscat. Pot să le spăl dimineața și să le las afară. În funcție de vreme și de locul unde locuiești, această soluție ar putea fi bună și pentru tine.

Unde îți ții uleiul, sarea, piperul, sosul de soia și alte condimente? Mulți oameni le țin chiar lângă aragaz pentru că vor să le aibă la îndemână, de dragul comodității. Dacă ești unul dintre aceștia, sper că le vei salva acum. În primul rând, un blat este pentru gătit, nu pentru depozitat lucruri. Zona de blat de lângă aragaz este expusă în special la împroșcare cu mâncare și grăsime, iar condimentele ținute acolo sunt, de obicei, pline de grăsime. Șirurile de sticle din zona asta o fac mai greu de curățat, iar bucătăria va fi acoperită de o peliculă de ulei. Rafturile și dulapurile de bucătărie sunt concepute special pentru depozitarea condimentelor și mirodeniilor, așa că pune-le unde le este locul. Adesea, se poate folosi un sertar sau un dulap îngust localizat lângă aragaz.

Decorează-ți dulapul cu lucrurile preferate

„Nu deschide aia, te rog!" e un refren obişnuit. Clienții mei au, de obicei, un sertar sau un dulap pe care nu vor să mi-l arate. Toți avem lucruri despre care nu vrem ca ceilalți să ştie, dar care sunt importante pentru noi. Obiectele obişnuite sunt afişe cu idoli pop sau alte suvenire de fan şi cărți legate de hobby-uri. Afişele sunt, de obicei, rulate în spatele dulapului, iar CD-urile stivuite într-o cutie. Dar asta e o risipă. Măcar odaia ta ar trebui să fie locul unde să poți să te ocupi de ceea ce te interesează şi să te bucuri după pofta inimii. Aşadar, dacă-ți place un lucru, nu-l ascunde. Dacă vrei să te bucuri de el, dar nu vrei să afle prietenii tăi, am o soluție. Transformă-ți spațiul de depozitare în spațiul tău privat, unul care-ți dă fiori de bucurie. Foloseşte aceste comori ca să decorezi peretele din spate al dulapului, dincolo de haine, sau partea din interior a uşii. Poți să-ți decorezi dulapul cu orice vrei, indiferent că este privat sau nu. Afişe, fotografii, ornamente, orice-ți place. Nu există limite legate de cum să-ți decorezi spațiul de depozitare. Nimeni nu se va plânge, pentru că nimeni nu va vedea. Spațiul tău de depozitare este paradisul tău privat, aşa că personalizează-l la maximum.

Despachetează hainele noi şi scoate-le etichetele imediat

Unul dintre multele lucruri care mă uimesc atunci când îmi ajut clienții să facă ordine este cantitatea de lucruri împachetate încă. Dacă e vorba de alimente sau produse sanitare, înțeleg, dar de ce oamenii îndeasă în dulap textile cum ar fi şosete şi lenjerie intimă fără să le scoată din ambalaj? În felul acesta, ele ocupă mai mult spațiu și există posibilitatea de a fi uitate. Tatălui meu îi plăcea să facă stocuri de șosete. De câte ori mergea la supermarket, cumpăra șosete gri sau negre pe care să le poarte la costume și le depozita împachetate în sertarul lui. Puloverele gri erau alte obiecte pe care îi plăcea să le țină la îndemână și dădeam adesea peste ele în spatele dulapului, aflate încă în ambalajul de plastic. Întotdeauna mi-a fost milă de aceste haine. Am crezut că acest obicei era specific tatălui meu, dar, când am început să vizitez casele clienților, mi-am dat seama că există mulți oameni ca el. Stocul este alcătuit din ceea ce clientul poartă în mod regulat, cele mai obișnuite fiind consumabile ca șosete, lenjerie intimă și dresuri. Un lucru pe care acești clienți îl au în comun este că dispun de mult mai multe rezerve decât le sunt necesare. Am fost șocată să aflu că ei cumpără mai multe obiecte din aceeași categorie încă înainte să le despacheteze pe cele cumpărate anterior. Poate faptul că se află în ambalaj diminuează sentimentul de proprietate al posesorului. Recordul la numărul de dresuri descoperite în casa unei cliente, de exemplu, a fost de 82 de perechi. Încă în ambalajele lor, ocupau o cutie întreagă de plastic.

Cu siguranță, atunci când cumperi ceva, cel mai ușor este să-l arunci în sertar încă ambalat. Și poate există ceva plăcere în a rupe ambalajul atunci când îl porți pentru prima oară. Dar singura diferență dintre produsele împachetate din sertarul tău și cele de la magazin este locul în care sunt păstrate. Oamenii presupun de obicei că este mai ieftin să cumperi marfă la grămadă atunci când sunt reduceri. Dar eu cred că este tocmai invers. Dacă iei în calcul costul depozitării, este la fel de economic să existe aceste produse mai degrabă în magazin, decât acasă. Mai mult, dacă le cumperi și le folosești pe măsură ce ai nevoie, vor fi noi și în stare mult mai bună. De aceea, îți recomand să te abții de la a face rezerve de obiecte. În schimb, cumpără numai ce ai nevoie, scoate imediat toate obiectele din ambalaj și depozitează-le. Dacă ai deja o rezervă mare din ceva, măcar scoate obiectele din ambalaj. Păstrarea în ambalaj nu le face decât rău textilelor.

Obiectele lăsate în ambalaj cel mai des sunt dresurile. Când le scoți, înlătură și suportul rigid. Nu vei avea nevoie de el acasă. Dresurile ocupă cu 25% mai puțin spațiu când sunt scoase din ambalaj și împăturite. Astfel este și mult mai probabil să fie folosite, pentru că e mult mai ușor de ajuns la ele. Eu cred că numai atunci când ai despachetat un obiect îl poți numi cu adevărat al tău.

Asemănătoare cu hainele în ambalaj sunt și acelea cu etichetele încă netăiate. Găsesc adesea fuste sau cardigane în casele clientelor mele cu etichetele de preț sau de firmă încă pe ele. În cele mai multe cazuri, clienta a uitat de existența lor și le descoperă cu surprindere, deși aceste articole au stat agățate la vedere pe bara din dulap. Multă vreme m-am întrebat ce face aceste haine invizibile. Hotărâtă să găsesc o explicație, m-am dus să observ departamentul de textile din diferite magazine.

După ce mi-am continuat cercetarea o perioadă, mi-am dat seama că există o diferență notabilă între hainele din dulapul cuiva și acelea atârnând pe barele din magazine. Ultimele au o aură foarte diferită față de hainele muncite pe care le folosim zilnic. Ele emană un aer de îngrijire și prospețime, iar hainele cu eticheta de preț rețin acea prospețime. Așa văd eu lucrurile. Hainele dintr-un magazin sunt produse, pe când hainele de acasă sunt bunuri personale. Hainele care au eticheta de preț nu au devenit încă ale noastre și de aceea nu ne „aparțin" cu totul. Copleșite de aura hainelor noastre „legitime", sunt mai greu observabile. E normal să le trecem cu vederea și, până la urmă, chiar să le uităm în timp ce căutăm prin dulap.

Unii oameni se îngrijorează că, dacă le scot eticheta, prețul le va scădea, de parcă ar plănui să le ducă la vreun outlet, dar aceasta este o contradicție. Dacă ai de gând să cumperi haine, alege-le cu intenția de a le face bine-venite în casa ta și de a le îngriji. Când le cumperi, înlătură etichetele imediat. Pentru ca hainele tale să facă tranziția de la produsele din magazin la bunuri personale, trebuie să îndeplinești ritualul tăierii „cordonului ombilical" care le leagă de magazin.

Nu subestima „zgomotul" informației scrise

Cursanții avansați solicită, de obicei, un nivel și mai mare de confort în spațiul lor, după ce au rezolvat cu succes aspectele legate de obiectele în exces și de depozitare. La prima vedere, casele clienților mei sunt atât de ordonate încât nu par să mai aibă nevoie de asistența mea.

O astfel de clientă de-a mea avea în jur de 30 de ani și locuia împreună cu soțul ei și cu fiica lor de șase ani. Nu avea niciun regret să arunce lucruri și, la prima noastră ședință, a scăpat de 200 de cărți și 32 de saci de obiecte. Era, în principal, casnică și-și petrecea timpul având grijă de casă, organizând ceaiuri pentru alte mame și copiii lor de două ori pe lună și ținând cursuri de aranjament floral acasă la ea. Avea vizitatori frecvenți și era foarte conștientă că trebuia să-și mențină casa ordonată pentru cazul în care ar fi avut oaspeți surpriză. Locuia într-o casă cu două dormitoare, având camera de zi combinată cu bucătăria, iar lucrurile lor erau depozitate ordonat în dulapurile încastrate şi pe două rafturi metalice de înălţimea unui om. Podelele din lemn simplu erau goale şi întotdeauna bine lustruite. Prietenii ei se întrebau cum ar fi putut să fie mai ordonată decât se dovedea, dar ea era nemulţumită.

„Nu avem multe lucruri, însă, într-un fel, nu mă simt împăcată. Am impresia că mai am un pas de făcut."

Când i-am vizitat casa, era ordonată, dar, aşa cum spusese şi ea, ceva nu era chiar în regulă. Primul lucru pe care îl fac în situaţii de acest fel este să deschid uşile tuturor zonelor de depozitare. Când am deschis dulapul principal, am găsit ceea ce mă aşteptam. Etichete proclamând „Soluţii grozave de depozitare!" erau lipite pe cutiile din plastic transparent, pachetele pentru odorizante de cameră erau decorate cu „Împrospătează aerul instantaneu!", cutiile de carton anunţau „Portocale Iyo". Oriunde priveam, cuvinte, cuvinte şi iar cuvinte se năpusteau spre mine. Acesta era ultimul „pas" pe care-l căuta clienta mea. Un potop de informaţie inundându-te de câte ori deschizi dulapul face o cameră să fie „zgomotoasă". Mai ales în cazul în care cuvintele sunt în limba ta, ele îţi sar în ochi, iar creierul tău le tratează ca pe o informaţie ce trebuie prelucrată. Asta creează agitaţie în mintea ta.

În cazul clientei mele, ori de câte ori dorea să-şi aleagă hainele, era asaltată de mesaje ca „Portocale Iyo" sau „Împrospătează aerul instantaneu!", aproape ca şi cum cineva i-ar fi şoptit constant la ureche. În mod ciudat, închiderea uşilor dulapului nu ascunde fluxul de informaţie. Cuvintele devin energie statică ce umple aerul. Din experienţa mea, spaţiile de depozitare ale caselor care par „zgomotoase", deşi arată foarte ordonate la suprafaţă, adăpostesc, de obicei, un exces de informaţie inutilă. Cu cât este mai ordonată casa și mai împrăștiată mobila din ea, cu atât mai zgomotoasă pare acea informație. Așadar, începe prin a înlătura etichetele de pe recipientele tale de depozitare. Aceasta este absolut esențial, la fel ca a înlătura etichetele de pe hainele noi, pentru a le face bine-venite printre obiectele tale personale. Rupe ambalajul autoadeziv de pe pachetele pe care nu vrei să le vezi, cum ar fi dezodorizante și detergenți. Și spațiile care nu sunt expuse vederii fac parte din casa ta. Eliminând excesul de informație vizuală care nu-ți inspiră bucurie, poți să-ți faci spațiul mult mai liniștit și mai confortabil. Diferența este atât de mare, încât ar fi păcat să nu încerci.

Apreciază-ți lucrurile

Una dintre temele pentru acasă pe care le dau clienților mei este să-și aprecieze lucrurile. De exemplu, îi îndemn să încerce să spună „mulțumesc că mi-ai ținut de cald toată ziua" atunci când își agață hainele în cuier, la întoarcerea acasă. Sau, când își dau jos accesoriile, le sugerez să zică „mulțumesc că m-ai făcut frumoasă", iar, când își pun geanta în dulap, să murmure „datorită ție am îndeplinit atâtea sarcini azi".

Exprimă-ți recunoștința față de fiecare obiect care te-a sprijinit în timpul zilei. Dacă ți se pare greu să procedezi astfel zilnic, fă-o măcar ori de câte ori poți.

Eu am început să-mi tratez obiectele de parcă ar fi fost vii când eram la liceu. Aveam propriul meu telefon mobil. În vreme ce ecranul era încă monocrom, îmi plăceau designul lui compact și culoarea albastru pal. Nu eram dependentă de el, dar îmi plăcea atât de mult, încât încălcam regulile școlii și-l strecuram în buzunarul uniformei, în fiecare zi. Îl scoateam din când în când să-l admir și zâmbeam în sinea mea. Tehnologia progresase și toată lumea își cumpărase telefoane mobile cu ecrane colorate. M-am agățat de modelul meu demodat cât am putut de mult, dar, în cele din urmă, devenise prea zgâriat și uzat, și am fost nevoită să-l schimb. Când am primit telefonul mobil nou, mi-a venit ideea să-i scriu un mesaj celui vechi. Era prima mea înlocuire și eram probabil foarte emoționată. După ce m-am gândit un moment, am tastat mesajul simplu „mulțumesc pentru tot" și am adăugat simbolul unei inimioare. Apoi, am apăsat pe „Trimite". Vechiul telefon a sunat imediat, iar eu mi-am verificat mesajele. Bineînțeles că era textul pe care tocmai îl trimisesem. „Grozav. Ai primit mesajul meu. Chiar doream să-ți mulțumesc pentru tot ce ai făcut", i-am spus vechiului meu telefon. Apoi l-am închis cu un clic.

Câteva minute mai târziu, mi-am deschis vechiul telefon și am fost surprinsă că ecranul era gol. Indiferent ce buton apăsam, ecranul nu răspundea. Telefonul meu, care nu se stricase niciodată din ziua în care îl cumpărasem, murise după ce îmi primise mesajul. Telefonul n-a mai funcționat niciodată, de parcă, înțelegând că misiunea lui se încheiase, demisionase din proprie inițiativă. Desigur, știu că multor oameni le vine greu să creadă că obiectele inanimate răspund la emoția omenească, și se poate să fi fost, într-adevăr, o coincidență.

Totuși, auzim adesea despre atleți care își îngrijesc cu dragoste echipamentul, tratându-l de parcă ar fi sacru. Cred că, instinctiv, ei simt puterea acestor obiecte. Dacă am trata toate obiectele pe care le folosim în viața de zi cu zi, indiferent că e vorba de computerul nostru, de geanta noastră, de stilourile și creioanele noastre, cu aceeași atenție cu care își îngrijesc atleții echipamentul, am mări în mod semnificativ numărul „suporterilor" de încredere din viața noastră. Actul posedării este o parte naturală a vieții cotidiene, nu ceva rezervat unui meci sau unui concurs special.

Chiar dacă nu suntem conștienți de asta, lucrurile noastre muncesc din greu pentru noi, îndeplinindu-și fiecare rolul pe care îl are în sprijinirea traiului nostru. Așa cum nouă ne place să venim acasă și să ne relaxăm, pur și simplu, după o zi de muncă, lucrurile noastre scot un oftat de ușurare când se întorc unde le este locul. Te-ai gândit vreodată cum ar fi să nu ai o adresă fixă? Viața ta n-ar fi foarte sigură. Tocmai pentru că avem o casă unde să ne întoarcem putem să mergem la lucru, la cumpărături sau să socializăm cu alții. Același lucru este valabil și în cazul lucrurilor noastre. Este important pentru ele să aibă aceeași asigurare că au un loc unde să se întoarcă. Diferența este vizibilă. Lucrurile care au un loc al lor, unde sunt puse înapoi în fiecare zi să se odihnească, sunt mai vibrante.

După ce au învățat să-și trateze hainele cu respect, clienții îmi spun întotdeauna: „Hainele mele țin mai mult. Puloverele mele nu se scămoșează atât de ușor și nici eu nu mai vărs chestii pe ele atât de des". Asta sugerează că a avea grijă de lucrurile tale este cea mai bună modalitate de a le motiva să te sprijine mai mult timp pe tine, posesorul lor. Când îți tratezi lucrurile bine, și ele vor răspunde mereu la fel. Din acest motiv, îmi asigur timp să mă gândesc, ocazional, dacă spațiul de depozitare pe care l-am rezervat pentru ele le face fericite. Depozitarea este, până la urmă, actul sacru de a alege o casă pentru lucrurile mele.

Capitolul al V-lea

Magia ordinii îți transformă viața în mod spectaculos

Pune-ți casa în ordine și descoperă ce vrei să faci

În Japonia, imaginea de reprezentant al unei clase este cineva care e popular, are calități de lider și este dornic să iasă în evidență, iar noi folosim termenul „tipul rep-de-clasă" pentru oricine are aceste calități. În contrast, eu sunt „tipul de organizator", un excentric care lucrează în liniște și fără să deranjeze, într-un colț al clasei, organizând rafturile. Mă refer la asta în mod literal și foarte serios.

Prima sarcină oficială pe care am primit-o în clasele primare a fost „să fac ordine". Îmi amintesc foarte bine acea zi. Toată lumea se oferea să hrănească animalele de companie sau să ude plantele, dar, când profesoara a întrebat „Cine vrea să fie responsabil cu organizarea și ordinea în clasă?", nimeni n-a ridicat mâna în afară de mine și am făcut asta cu mare entuziasm. Privind în urmă, genele mele responsabile cu ordinea erau activate încă de la vârsta aceea fragedă. Din capitolele anterioare, știți deja cum îmi petreceam zilele la școală reorganizând clasa, dulapurile și rafturile de cărți, cu bucurie și încredere.

Când spun povestea aceasta, oamenii îmi replică adesea: „Ai fost așa de norocoasă să știi ce-ți place la o vârstă atât de fragedă. Sunt gelos. Eu habar n-am ce mi-ar plăcea să fac..."

Dar, de fapt, am înțeles abia recent cât de mult îmi place să organizez. Deși îmi petrec aproape tot timpul implicată în activitatea de a face ordine fie instruindu-mi clienții în casele lor, fie ținând cursuri, când eram tânără, visul meu era să mă mărit.

Să fac ordine era o parte atât de integrată în viața mea de zi cu zi, încât abia când mi-am început afacerea mi-am dat seama că poate fi profesia mea. Când oamenii mă întrebau ce-mi place să fac, ezitam și, într-un final, răspundeam în disperare de cauză „Să citesc cărți", continuând să mă întreb în tot acel timp ce-mi place să fac. Uitasem complet că mi se dăduse funcția de organizator al clasei în școala primară. Cincisprezece ani mai târziu, am avut un *flashback*, în timp ce-mi dereticam camera. Vedeam cu ochii minții cum profesoara îmi scria pe tablă numele și am înțeles cu uimire că fusesem interesată de acest domeniu de când eram mică. Amintește-ți zilele de școală și gândește-te ce-ți plăcea să faci. Poate erai responsabil cu hrănirea animalelor de companie sau îți plăcea să desenezi. Indiferent ce era, există posibilitatea să fie legat, într-un fel, de ceea ce faci acum, ca parte naturală a vieții tale, chiar dacă nu procedezi în același fel. În esență, lucrurile care ne plac nu se schimbă cu timpul. Să-ți faci ordine în casă este un mod grozav să descoperi care sunt acestea.

Una dintre cliente mi-a fost bună prietenă începând cu colegiul. Deși la început, după absolvire, a lucrat pentru o companie importantă în domeniul IT, a descoperit ce-i plăcea cu adevărat să facă cu ocazia ordonării casei. După ce am terminat de pus ordine în casa ei, s-a uitat la raftul de cărți, care conținea atunci numai acele lucrări care o captivau, și și-a dat seama că toate titlurile erau din domeniul asistenței sociale. Numeroasele cărți pe care le cumpărase ca să învețe limba engleză sau ca să-și îmbunătățească abilitățile de secretară când intrase în câmpul muncii nu mai existau, în timp ce lucrările de asistență socială, pe care le cumpărase în primii ani de liceu, rămăseseră. Privindu-le, și-a amintit de munca voluntară pe care o făcuse ca bonă, timp de mulți ani, înainte să se alăture companiei de IT. Deodată, și-a dat seama că dorea să contribuie la construirea unei societăți în care mamele să poată munci fără să fie neliniștite în legătură cu copiii lor. Conștientizându-și pentru prima dată pasiunea, și-a petrecut anul care a urmat cursului meu studiind și pregătindu-se, apoi și-a părăsit slujba și și-a deschis o companie de *baby sitting*. Acum, are mulți clienți care se bazează pe serviciile ei și se bucură pe deplin de fiecare zi, explorând noi posibilități de îmbunătățire a propriei afaceri.

„Când mi-am pus casa în ordine, am descoperit ce doream să fac cu adevărat." Acestea sunt cuvinte pe care le aud frecvent de la clienții mei. Pe cei mai mulți, experiența de a face ordine îi determină să se implice cu și mai multă pasiune în munca lor. Unii își deschid propriile companii, alții își schimbă slujbele și alții sunt mai interesați de profesia lor curentă. Devin, de asemenea, mai pasionați de alte lucruri care-i interesează, precum și de tot ce privește casa lor și viața de familie. Gradul de conștientizare a ceea ce le place crește în mod natural și, ca rezultat, viața cotidiană devine mai captivantă.

Deși putem ajunge să ne cunoaștem mai bine stând jos și analizându-ne caracteristicile sau ascultând perspectiva altora asupra noastră, cred că a face ordine este modalitatea cea mai bună. La urma urmelor, lucrurile noastre relatează foarte precis istoria deciziilor pe care le-am luat în viață. A face ordine este un mod de inventariere care ne arată ce ne place cu adevărat.

Magia ordinii ne transformă viața în mod spectaculos

„Până acum, cred, a fost important să fac lucruri care să adauge conținut vieții mele, așa că am urmat seminarii și am studiat ca să-mi îmbogățesc cunoștințele. Dar, cu ajutorul cursului tău despre cum să-mi pun spațiul în ordine, am înțeles că a renunța la lucruri este chiar mai important decât a adăuga."

Acest comentariu îi aparține uneia dintre clientele mele, în jur de 30 de ani, căreia îi plăcea să studieze și care își dezvoltase o rețea vastă de contacte. Viața i s-a schimbat cu desăvârșire după ce a urmat cursul meu. Primul obiect de care nu a vrut să se despartă a fost colecția ei uriașă de notițe și materiale de seminar, dar când, în cele din urmă, le-a aruncat, a fost ca și cum s-ar fi eliberat de o greutate uriașă. După ce a scăpat de aproape 500 de cărți pe care intenționa să le citească într-o zi, a descoperit că primea informație nouă zilnic. Și, când a aruncat și stiva uriașă de cărți de vizită, oamenii cu care ar fi dorit să se întâlnească au început s-o sune și a putut să se întâlnească cu ei într-un mod cât se poate de normal. În timp ce înainte fusese pasionată de spiritualitate, când s-a terminat cursul a spus mulțumită: „A face ordine are mult mai mult efect decât acel *feng shui*, sau pietrele talisman sau alte produse spirituale". De atunci, a realizat un salt impetuos într-o viață nouă, părăsindu-și slujba și găsind un editor pentru cartea ei.

A face ordine schimbă spectaculos viața unui om. Asta este valabil în cazul oricui, sută la sută. Impactul acestui efect, pe care eu l-am numit „magia ordinii", este fenomenal.

Câteodată, îmi întreb clienții cum li s-a schimbat viața după ce au urmat cursul. Deși m-am obișnuit cu răspunsurile lor, la început am fost foarte surprinsă. Viața celor care fac ordine amănunțit și complet, într-o singură tură, este, fără excepție, schimbată spectaculos.

Clienta menționată fusese dezordonată mereu. Când mama i-a văzut camera ordonată, a fost atât de impresionată, încât s-a înscris și ea la cursul meu. Deși se considera o persoană ordonată, vederea camerei fiicei sale a convins-o că nu era. A ajuns să-i placă atât de mult să scape de lucruri, încât n-a avut niciun regret să renunțe la echipamentul ei pentru ceremonia ceaiului, care costase 250 de dolari, și aștepta cu nerăbdare ziua golirii tomberonului.

„Înainte, n-aveam deloc încredere. Mă tot gândeam că trebuie să mă schimb, că ar trebui să fiu diferită, dar acum pot crede că sunt în regulă exact așa cum sunt. Obținând un criteriu precis în funcție de care pot judeca lucrurile, am căpătat foarte multă încredere în mine." După cum se vede din mărturisirea ei, unul dintre efectele magice ale acestei activități este încrederea în propria capacitate de decizie. A face ordine înseamnă a lua fiecare obiect în mână, a te întreba dacă îți inspiră bucurie și a decide, pe această bază, dacă îl păstrezi sau nu. Repetând acest procedeu de sute și mii de ori, ne perfecționăm, în mod natural, abilitatea de a lua decizii. Oamenii care nu au încredere în judecata proprie nu au încredere în ei înșiși. Și mie mi-a lipsit, cândva, încrederea. Ceea ce m-a salvat a fost să fac ordine.

Cum să obții încredere în viață prin magia ordinii

Am ajuns la concluzia că pasiunea mea pentru ordine a fost motivată de dorința de a obține recunoaștere din partea alor mei și de un complex legat de mama. Fiind mijlocia dintre trei copii, n-am mai primit multă atenție din partea părinților după vârsta de trei ani. Desigur, acesta n-a fost un lucru intenționat, dar fiind la mijlocul sendvișului între fratele mai mare și copilul mai mic, sora mea, n-aveam cum să nu mă simt așa.

Interesul meu pentru gospodărie și dereticat s-au manifestat pe când aveam cinci ani și cred că încercam, în felul meu, să nu le creez probleme părinților care erau, în mod evident, ocupați să aibă grijă de fratele și de sora mea. De asemenea, am devenit conștientă la o vârstă foarte fragedă de necesitatea de a evita să fiu dependentă de alți oameni. Și, bineînțeles, doream ca părinții să mă observe și să mă laude.

De când am început școala primară, foloseam un ceas deșteptător ca să mă trezesc înaintea tuturor celorlalți. Nu-mi plăcea să mă bazez pe alții, îmi era greu să am încredere în ei și eram incapabilă să-mi exprim sentimentele. Din faptul că îmi petreceam pauzele singură făcând ordine, poți ghici că nu eram un copil foarte sociabil. Îmi plăcea să mă plimb în jurul școlii de una singură și încă prefer să fac lucruri singură, inclusiv să călătoresc ori să cumpăr diverse lucruri. Pentru mine este ceva firesc.

Deoarece nu mă pricepeam să dezvolt legături de încredere cu oamenii, aveam un atașament deosebit de puternic față de obiecte. Cred că, tocmai din cauză că nu-mi plăcea să-mi expun slăbiciunea sau adevăratele sentimente în fața celorlalți, camera mea și lucrurile din ea mi-au devenit foarte prețioase. Nu trebuia să mă prefac sau să ascund nimic în fața lor. Lucrurile materiale și casa m-au învățat primele iubirea necondiționată, nu părinții sau prietenii. Ca să fiu cinstită, nici acum n-am destulă încredere în mine. Sunt momente în care mă simt chiar descurajată de stângăciile mele.

Am însă încredere în mediul meu. Când vine vorba despre lucrurile pe care le posed, hainele pe care le port, casa în care locuiesc și oamenii din viața mea, când vine vorba despre mediul meu ca întreg, chiar dacă altora nu li s-ar părea cu nimic special, am încredere și sunt extrem de recunoscătoare pentru că sunt înconjurată de ceea ce iubesc, de lucruri și oameni care sunt, fiecare în parte, speciali, prețioși și peste măsură de dragi mie. Obiectele și oamenii care-mi inspiră bucurie mă sprijină. Îmi dau încredere că-mi va fi bine. Vreau să-i ajut pe alții care se simt ca mine cândva, cărora le lipsește încrederea în ei înșiși și le este greu să-și deschidă inima către ceilalți, să vadă cât de mult sprijin pot primi de la spațiul în care locuiesc și de la lucrurile care-i înconjoară. Tocmai de aceea îmi petrec timpul vizitând casele oamenilor și instruindu-i cum să facă ordine.

Atașamentul față de trecut sau anxietatea față de viitor

„Aruncă tot ce nu-ți inspiră bucurie." Dacă ai încercat această metodă, fie și puțin, ți-ai dat seama până acum că nu este atât de greu să identifici un obiect care-ți inspiră bucurie. În momentul în care l-ai atins, știi deja răspunsul.

Este mult mai greu să decizi să arunci ceva. Inventăm tot felul de motive ca să n-o facem, cum ar fi: „N-am folosit oala asta tot anul, dar, cine ştie, poate o să-mi trebuiască într-o zi..." Sau: „Colierul acela de la prietenul meu... chiar mi-a plăcut la vremea lui..." Însă când cercetăm mai profund motivele pentru care nu putem renunţa la ceva, acestea sunt numai două: ataşamentul de trecut sau frica de viitor.

În timpul procesului de selecţie, dacă găseşti un lucru care nu-ţi inspiră bucurie, dar nu te poţi convinge să scapi de el, opreşte-te un moment şi întreabă-te: „Nu pot să scap de acest obiect din cauza unui ataşament faţă de trecut sau din cauza fricii de viitor?" Întreabă-te asta pentru fiecare obiect de acest fel. Dacă faci asta, vei descoperi un tipar al calităţii tale de deţinător al lucrurilor, care se încadrează într-una din următoarele trei categorii: ataşament faţă de trecut, dorinţă de stabilitate în viitor sau o combinaţie a amândurora. Este important să înţelegi tiparul tău de posesor, pentru că este o expresie a valorilor care îţi călăuzesc viaţa. Întrebarea privind ce vrei să deţii este de fapt o întrebare privind modul în care vrei să trăieşti. Ataşamentul faţă de trecut şi frica de viitor guvernează nu numai felul în care îţi selectezi obiectele pe care le ai, ci reprezintă şi criteriile în funcţie de care faci alegeri în ceea ce priveşte fiecare aspect al vieţii tale, inclusiv relaţiile cu oamenii şi slujba ta.

Când o femeie care e foarte neliniştită în privinţa viitorului îşi alege un bărbat, este mai puţin probabil să-l aleagă pentru că îi place şi se bucură să fie împreună cu el. E posibil ca ea să aleagă pe cineva numai pur şi simplu pentru că relaţia i se pare avantajoasă sau pentru că se teme că, dacă nu-l va alege pe el, nu va mai găsi pe altcineva. Când vine vorba despre opţiuni profesionale, acelaşi tip de persoană va alege probabil un loc de muncă într-o companie mare, mai degrabă, deoarece îi va oferi mai multe posibilități în viitor sau pentru că va obține anumite calificări care să-i slujească drept garanții, decât pentru că îi place într-adevăr slujba și vrea să facă asta. Pe de altă parte, unei persoane puternic atașate de trecut îi va fi greu să facă trecerea spre o nouă relație pentru că nu-și va putea uita iubitul de care s-a despărțit cu doi ani în urmă. De asemenea, îi va fi greu să încerce metode noi când cea curentă nu mai este eficientă, deoarece dăduse roade până atunci.

Când unul sau altul din aceste tipare de gândire ne împiedică să scăpăm de lucruri, nu putem ști de ce anume avem nevoie în acel moment. Nu suntem siguri ce ne-ar satisface și ce căutăm. În consecință, mărim numărul de lucruri inutile, îngropându-ne, atât fizic, cât și mental, în chestii superflue. Cea mai bună metodă de a afla de ce anume avem nevoie cu adevărat este să scăpăm de ce nu ne trebuie. Călătoriile în locuri îndepărtate sau sesiunile de cumpărături nu mai sunt necesare. Tot ce ai de făcut este să elimini ce nu-ți trebuie, confruntându-te cum trebuie cu fiecare obiect deținut.

Procesul înfruntării și al selecției obiectelor posedate poate fi foarte dureros. El ne forțează să ne confruntăm cu imperfecțiunile, inadecvările și alegerile prostești pe care le-am făcut în trecut. De multe ori, când mi-am analizat trecutul în timp ce făceam ordine, mi-a fost foarte rușine. Colecția mea de gume de șters parfumate din timpul liceului, produsele legate de desenele animate pe care le colecționasem în primii ani de liceu, hainele pe care le cumpărasem în vremea liceului, când încercam să par adult, dar care nu mi se potriveau deloc, gențile pe care le cumpărasem fără să-mi trebuiască deloc, doar pentru că îmi plăcuseră cum arătau la magazin. Lucrurile pe care le posedăm sunt reale. Ele există aici și acum, ca rezultat al alegerilor făcute în trecut de nimeni alții decât noi înșine. Este greșit să le ignorăm sau să le aruncăm la grămadă ca și cum am nega alegerile pe care le-am făcut. Tocmai de aceea sunt atât împotriva acumulării de lucruri, cât și a aruncării lor fără o reflecție atentă. Abia când ne confruntăm cu obiectele pe care le deținem, unul câte unul, și trăim emoțiile pe care ni le evocă putem să apreciem cu adevărat relația pe care o avem cu ele.

Există trei moduri de a aborda lucrurile posedate. Să ne confruntăm cu ele acum, să ne confruntăm cu ele cândva, sau să le evităm până în ziua când vom muri. Alegerea este a noastră. Dar, eu cred că este mult mai bine să ne confruntăm cu ele acum. Dacă ne conștientizăm atașamentul față de trecut și temerile legate de viitor privind cu onestitate ceea ce posedăm, vom putea vedea ce e realmente important pentru noi. În schimb, acest proces ne ajută să ne identificăm valorile și diminuează îndoielile și confuziile când facem alegeri de viață. Dacă vom putea avea încredere în deciziile noastre și vom trece la acțiune entuziaști, fără îndoieli care să ne tragă înapoi, vom putea să realizăm mult mai multe lucruri. Cu alte cuvinte, cu cât mai repede ne vom confrunta cu lucrurile deținute, cu atât mai bine. Dacă intenționezi să-ți pui casa în ordine, fă-o acum.

Învață că poți să te descurci

Când încep să facă ordine serios, oamenii umplu sac după sac. Am auzit că mulți dintre cei care-mi frecventează cursurile își compară notițele despre câți saci de gunoi au aruncat sau ce lucruri au ieșit la iveală în casa lor. Numărul-record de saci umpluți până acum aparține unui cuplu care a aruncat 200 de saci plus încă 10 obiecte care erau prea mari pentru a fi puse în saci de gunoi. Mulți oameni râd când aud asta și-și închipuie că acel cuplu trebuie să fi avut o casă mare, cu o mulțime de camere de depozitare, dar greșesc. Aceștia locuiau într-o casă obișnuită cu două etaje și patru camere. Podeaua era ceva mai mare decât în multe case japoneze, pentru că exista și un pod, dar diferența de spațiu nu era atât de importantă. Deși se vedea că posedau o mulțime de lucruri, nu părea, la o primă vedere, să aibă chiar atât de multe lucruri inutile în ea. Cu alte cuvinte, orice casă are potențialul de a produce același volum.

Când îmi pun clienții să sorteze și să scape de lucrurile lor, nu mă opresc la jumătatea drumului. Cantitatea medie aruncată de o persoană singură ajunge ușor la 20 până la 30 de saci de gunoi de 45 l, iar, pentru o familie de trei persoane, se apropie de 70 de saci. Totalul de saci aruncați până acum ar fi de peste 28 000, iar numărul de obiecte separate aruncate trebuie să depășească 1 000 000. Cu toate astea, în ciuda reducerii drastice a lucrurilor lor, nimeni nu s-a plâns că a avut vreo problemă ulterior, pentru că le-am spus să arunce un obiect. Motivul este foarte clar: aruncarea doar a acelor lucruri care nu aduc bucurie nu are niciun fel de efecte adverse. După ce termină de făcut ordine, clienții mei sunt surprinși că nu întâmpină niciun inconvenient în viața lor cotidiană. Asta e de natură să le aducă aminte că au trăit mult timp înconjurați de lucruri de care nu aveau nevoie. Nu există excepții. Chiar și clienții care rămân în final cu mai puțin de o cincime din lucruri se simt la fel.

Desigur, nu spun că toți clienții mei n-au regretat niciodată că au aruncat ceva. Departe de asta. Trebuie să te aștepți la o astfel de situație de cel puțin trei ori în timpul procesului de ordine, dar nu trebuie să te îngrijorezi. Chiar dacă au regretat că au aruncat ceva, clienții mei nu s-au plâns niciodată. Au învățat deja din experiență că orice problemă cauzată de lipsa unui obiect poate fi rezolvată prin acțiune. Când clienții îmi povestesc cum au aruncat un obiect la care nu trebuiau să renunțe, o fac cu veselie. Cei mai mulți dintre ei râd și spun: „O clipă, am crezut că am dat de necaz, apoi mi-am dat seama că nu era pericol de moarte". Această atitudine nu dovedește un caracter optimist, nici faptul că toți clienții mei au devenit mai nepăsători când le lipsește ceva. Mai degrabă, arată că, selectând ce vor să arunce, și-au schimbat modul de gândire.

Dacă, de exemplu, au nevoie de conținutul unui document pe care l-au aruncat mai devreme? În primul rând, pentru că au redus numărul de documente pe care le dețin, pot să-și dea seama repede că nu-l au, fără să caute peste tot. Faptul că nu trebuie să caute este, de fapt, o evitare neprețuită a stresului. Unul dintre motivele pentru care dezordinea ne consumă este faptul că trebuie să căutăm ceva numai pentru a afla dacă este măcar acolo și, de multe ori, indiferent cât de mult scotocim, tot nu găsim ce căutăm. După ce am redus cantitatea de documente și le-am depozitat pe toate în același loc, putem spune dintr-o privire dacă îl avem sau nu. Dacă nu mai e, putem să schimbăm imediat „vitezele" și să ne gândim ce să facem. Putem întreba pe cineva pe care-l cunoaștem, să sunăm compania sau să căutăm informația noi înșine. După ce am găsit soluția, nu ne rămâne decât să acționăm. Și, când o facem, descoperim că problema este surprinzător de ușor de rezolvat.

În loc să îndurăm stresul de a căuta fără să găsim, trecem la acțiune, iar aceste acțiuni aduc adesea beneficii neașteptate. Când căutăm conținutul în altă parte, putem descoperi noi informații. Când contactăm un prieten, am putea adânci relația aceea, sau el ne poate prezenta pe cineva expert în domeniu. Experiențe repetate ca aceasta ne învață că, dacă trecem la acțiune, vom putea obține informația necesară atunci când avem nevoie de ea. Viața devine mult mai ușoară atunci când știi că lucrurile se vor rezolva și dacă îți lipsește ceva.

Mai există un motiv pentru care clienții mei nu se plâng niciodată că trebuie să arunce lucruri și acesta este cel mai important. Pentru că au continuat să identifice și să scape de lucrurile care nu le trebuie, ei nu mai deleagă altora responsabilitatea luării deciziilor. Când apare o problemă, nu mai caută o cauză sau o persoană din exterior pe care să dea vina. Acum iau propriile decizii și sunt conștienți că ceea ce contează cu adevărat este să analizeze ce acțiune trebuie să întreprindă în orice situație. Când cineva selectează și renunță la lucrurile sale, acesta este un proces de luare a deciziilor pe baza valorilor proprii. A scăpa de lucruri perfecționează capacitatea cuiva de a hotărî. N-ar fi oare o risipă să ratezi ocazia de a-ți dezvolta această capacitate, acumulând lucruri? Când vizitez casele clienților mei, nu arunc niciodată nimic. Întotdeauna le las lor decizia finală. Dacă aleg în locul lor, n-are niciun rost să mai facă ordine. Prin ordinea făcută în casă, o persoană își schimbă starea de spirit.

Îți saluți casa?

Primul lucru pe care-l fac atunci când vizitez casa unui client este s-o salut. Îngenunchez pe podea în mijlocul ei și îi vorbesc în mintea mea. După ce mă prezint pe scurt, spunându-mi numele, adresa și cu ce mă ocup, îi cer ajutorul pentru a crea un spațiu în care familia să ducă o viață mai fericită. Apoi, mă înclin. Este un ritual tăcut care durează cam două minute, dar care atrage priviri ciudate din partea clienților.

Am început acest obicei firesc pe baza protocolului de adorație din templele Shinto. Nu-mi amintesc exact când am început să procedez astfel, dar cred că am fost inspirată s-o fac pentru că așteptarea tensionată din aer, atunci când un client deschide ușa, seamănă cu atmosfera existentă când cineva pășește pe sub poarta unui templu și intră în incinta sacră. Poți crede că acest ritual nu are decât efect de placebo, dar eu am constatat o diferență reală în ceea ce privește viteza cu care se desfășoară procesul ordinii, după ce l-am practicat.

Întâmplător, nu port trening sau haine de lucru atunci când fac ordine. În schimb, de obicei port o rochie și un blazer. Deși, ocazional, îmi pun un șorț, aleg designul în locul aspectului practic. Unii clienți sunt surprinși sau îngrijorați că-mi stric hainele, dar n-am nicio problemă să mut mobilă, să mă cațăr pe blaturi de bucătărie și să fac orice altă acțiune fizică pe care o implică dereticatul, îmbrăcată de stradă. Este modul meu de a arăta respect casei și conținutului ei. Cred că a face ordine este o sărbătoare, o concediere specială a obiectelor care vor pleca din casă, astfel încât mă îmbrac corespunzător. Am încredere că, atunci când arăt respect prin hainele pe care aleg să le port și când încep să fac ordine prin a saluta casa, aceasta îmi va spune, la rândul ei, cu plăcere, de ce anume nu mai are nevoie familia și unde să pun obiectele care rămân, astfel încât familia să se simtă confortabil și fericită în acest spațiu. Această atitudine crește viteza luării deciziilor în privința spațiului de depozitare și elimină îndoiala din întregul proces, așa că totul decurge mai lin.

Poate nu crezi că tu ai putea să faci asta. Poate crezi că trebuie să fii profesionist ca mine ca să auzi ce are de spus casa. De fapt, în orice caz, proprietarul este cel care-şi înţelege cel mai bine lucrurile şi casa. În timp ce progresăm cu lecţiile, clienţii mei încep să-şi dea seama clar ce trebuie să arunce şi unde trebuie să stea obiectele în mod natural, iar acţiunea se desfăşoară lin şi repede. Aceasta este o strategie fără greş ca să-ţi activezi rapid intuiţia a ceea ce ai nevoie şi unde trebuie să pui lucrurile: salută-ţi casa de fiecare dată când te întorci la ea. Aceasta este prima temă pe care le-o dau clienţilor în cadrul lecţiilor mele particulare. Aşa cum îţi saluţi familia sau animalul de companie, spune-i casei tale „Bună, am ajuns!" atunci când te întorci. Dacă uiţi când intri pe uşă, spune, atunci când îţi aminteşti, „Îţi mulţumesc că-mi dai adăpost". Dacă eşti timid sau te simţi jenat să rosteşti aceste lucruri cu voce tare, e în regulă să ţi le spui în minte.

Dacă faci asta în mod repetat, vei începe să simţi cum casa îţi răspunde atunci când revii. Vei simţi bucuria ei trecând ca o pală uşoară de aer. Apoi, progresiv, vei începe să simţi unde doreşte să faci ordine şi unde ar vrea să pui lucrurile. Poartă un dialog cu casa atunci când faci ordine. Ştiu că sună complet nepractic, dar, dacă ignori acest pas, vei constata că procesul decurge mai greu.

În esenţă, a face ordine ar trebui să fie acţiunea de a restaura echilibrul dintre oameni, lucrurile lor şi casa în care locuiesc. Însă abordările convenţionale ale acestei activităţi tind să se concentreze numai asupra relaţiei dintre oameni şi lucrurile lor şi nu dau atenţie locuinţei. Eu, în orice caz, sunt foarte conştientă de rolul important pe care casa îl joacă pentru că, ori de câte ori vizitez locuinţa unui client, simt cât de mult îşi preţuieşte locatarii. Este întotdeauna acolo, așteptându-i pe clienții mei să se întoarcă, gata să le ofere adăpost și să-i protejeze. Indiferent cât sunt de epuizați după o zi lungă de muncă, se află acolo să-i reîmprospăteze și să-i vindece. Când n-au chef să muncească și se plimbă prin camere în pielea goală, casa îi acceptă așa cum sunt. Nu vei găsi pe nimeni mai generos și mai primitor decât ea. A face ordine este ocazia de a ne exprima aprecierea față de casa noastră pentru tot ceea ce face pentru noi.

Ca să-mi testezi teoria, încearcă să-ți faci ordine în casă din perspectiva a ceea ce ar face-o fericită. Vei fi surprins de cât de lin va merge procesul de luare a deciziilor.

Lucrurile tale vor să te ajute

Mi-am petrecut mai mult de jumătate din viață gândindu-mă cum să fac ordine. Vizitez casele oamenilor în fiecare zi și petrec timp confruntându-mă cu lucrurile lor. Nu cred că există vreo altă profesie care să-mi dea ocazia să văd tot ceea ce posedă o persoană sau să examinez conținutul dulapurilor și sertarelor, așa cum sunt ele. Deși am vizitat multe case, în chip firesc nu există lucruri și moduri de organizare identice. În ciuda acestui fapt, toate lucrurile au ceva în comun. Gândește-te de ce ai lucrurile pe care le ai. Dacă răspunzi „pentru că eu le-am ales", sau „pentru că am nevoie de ele", sau „din cauza unor coincidențe diverse", toate răspunsurile ar fi corecte. Dar, fără excepție, toate lucrurile pe care le posezi au în comun dorința de a-ți fi de folos. Pot spune asta cu certitudine, pentru că am examinat sute de mii de lucruri deținute în cariera mea.

La o examinare atentă, destinul care ne leagă de lucrurile pe care le deținem apare de-a dreptul uimitor. Să luăm doar o cămașă ca exemplu. Chiar dacă e un produs de serie dintr-o fabrică de produse de masă, acea cămaşă anume, pe care ai cumpărat-o şi ai dus-o acasă într-o zi anume, este unică pentru tine. Destinul care ne-a condus la fiecare dintre lucrurile noastre este la fel de preţios şi de sacru ca acela care ne-a conectat cu oamenii din viaţa noastră. Există un motiv care a adus la tine fiecare dintre lucrurile pe care le deţii. Când împărtăşesc această perspectivă, unii oameni spun: „Am neglijat acest costum atât de mult timp încât acum e complet şifonat. Cred că e furios pe mine". Sau: „Dacă nu-l folosesc, o să mă blesteme". Dar, din experienţa mea, n-am întâlnit niciodată un lucru care să-i reproşeze ceva proprietarului lui. Aceste gânduri provin din sentimentul de vină al posesorului, nu de la obiectele persoanei. Atunci, ce simt cu adevărat lucrurile din casa noastră care nu ne inspiră bucurie? Eu cred că, pur şi simplu, vor să plece. Zăcând uitate în dulapurile tale, ele ştiu mai bine decât oricine că nu-ţi aduc bucurie în mometul prezent.

Fiecare lucru pe care îl deţii vrea să-ţi fie de ajutor. Chiar dacă-l arunci sau îi dai foc, va lăsa în urmă energia dorinţei de a-ţi fi de folos. Eliberat de forma fizică, va pluti în lumea ta ca energie, transmiţându-le altor obiecte că eşti o persoană specială şi se va întoarce sub forma obiectului care îi e de cel mai mare folos persoanei care eşti acum, obiect care-ţi va aduce cea mai mare fericire. Un obiect vestimentar se poate întoarce sub forma unei ţinute noi şi frumoase sau poate reapărea ca informaţie ori ca o nouă legătură. Îţi promit: orice laşi să plece se va întoarce în aceeaşi cantitate, dar numai când va simţi dorinţa de a reveni la tine. Din acest motiv, când arunci ceva, nu ofta şi nu spune: „Vai, n-am folosit niciodată asta". Sau: „Îmi pare rău, n-am ajuns să te folosesc". În schimb, lasă-l să plece cu bucurie şi cu vorbe precum: „Mulțumesc că m-ai găsit". Sau: „Drum bun. Ne revedem curând!"

Scapă de acele lucruri care nu-ți mai inspiră bucurie. Fă din despărțirea de ele o ceremonie care să le lanseze într-o călătorie nouă. Sărbătorește această ocazie cu ele. Cred cu adevărat că lucrurile noastre sunt mai fericite și mai vibrante când le dăm drumul decât atunci când le primim.

Spațiul în care locuiești îți afectează corpul

Când dereticatul e în plină desfășurare, mulți dintre clenții mei observă că au pierdut în greutate sau că și-au tonifiat abdomenul. Este un fenomen foarte ciudat, dar când reducem ceea ce deținem și, în mod esențial, ne detoxifiem casa, aceasta are în egală măsură un efect de detoxifiere și asupra corpului nostru.

Când aruncăm totul într-o singură tură, ceea ce înseamnă, câteodată, 40 de saci într-o zi, corpurile noastre pot reacționa ca după un post scurt. Putem să facem diaree sau să ne apară eczeme pe corp. Nu e nimic rău în asta. Corpurile noastre elimină toxinele care s-au acumulat de-a lungul anilor și își vor reveni la normal sau chiar într-o formă mai bună într-o zi sau două. O clientă de-a mea a făcut curat într-un dulap și într-o magazie pe care le neglija de 10 ani. Imediat după aceea, a avut o criză puternică de diaree, după care s-a simțit mult mai ușoară. Știu că sună ca o reclamă mincinoasă să pretind că poți pierde în greutate făcând ordine sau că ți se va curăța pielea, dar nu este neapărat neadevărat. Din nefericire, nu pot să arăt fotografii „înainte-după" ale clienților mei, dar am văzut cu ochii mei cum li se schimbă înfățișarea când camerele le erau mai ordonate. Siluetele le erau mai suple, pielea, mai luminoasă, iar ochii le străluceau mai puternic.

Când am început afacerea, acest fapt m-a intrigat destul de mult. Dar, când l-am analizat atent, am înțeles că nu e chiar atât de ciudat. Gândesc problema în felul următor: când ne punem casa în ordine, aerul din interior devine proaspăt și curat; reducând cantitatea de obiecte din spațiul nostru, se reduce de asemenea cantitatea de praf, iar noi facem curățenie mai des. Când podeaua este vizibilă, mizeria iese în evidență și vrem să curățăm. Pentru că aglomerația a fost eliminată, este mult mai ușor să curățăm și, ca atare, o facem mai riguros. Aerul mai proaspăt din cameră este, cu siguranță, bun pentru piele. Curățenia implică o mișcare energică, ceea ce contribuie, în mod natural, la pierderea în greutate și menținerea în formă. Și, când spațiul nostru este complet curat, nu trebuie să ne mai facem griji în legătură cu ordinea, așa că suntem liberi să ne concentrăm asupra următorului lucru important din viața noastră. Mulți oameni vor să slăbească și să se mențină în formă și acesta devine punctul lor de interes. Încep să meargă pe jos pe distanțe mai mari și să mănânce mai puțin, iar aceste acțiuni contribuie la pierderea în greutate fără o dietă intenționată.

Dar cred că motivul principal pentru care ordinea făcută are acest efect este acela că, prin acest proces, oamenii ajung să fie mulțumiți. După ce fac ordine, mulți clienți îmi spun că dorințele lor lumești s-au diminuat. În timp ce în trecut, indiferent cât de multe haine aveau, nu erau niciodată mulțumiți și doreau întotdeauna ceva nou de purtat, după ce au făcut selecția și au păstrat numai acele lucruri care le plăceau, au simțit că dispuneau de tot ce le era necesar.

Acumulăm obiecte materiale din același motiv pentru care mâncăm — spre a ne satisface o poftă. Cumpărăturile pe baza impulsului, ca şi mâncatul şi băutul în exces sunt încercări de a alunga stresul. Observându-mi clienţii, am remarcat că, atunci când aruncă excesul de haine, abdomenul tinde să li se micşoreze, când scapă de cărţi şi documente, mintea le devine mai clară, când reduc numărul de cosmetice şi fac ordine în jurul chiuvetei şi al căzii, tenul lor tinde să fie mai curat şi pielea, mai fină. Deşi n-am nicio bază ştiinţifică pentru această teorie, e foarte interesant de văzut că partea corpului care reacţionează corespunde atât de îndeaproape cu zona în care se face ordine. Nu este minunat că ordinea făcută în casă îţi intensifică frumuseţea şi contribuie la un corp mai suplu şi mai sănătos?

A face ordine aduce noroc

Datorită popularităţii acelui *feng shui*, oamenii mă întreabă adesea dacă faptul că fac ordine le va aduce noroc. *Feng shui* este o metodă de a aduce mai mult noroc prin organizarea spaţiului de locuit al unei persoane. A început să capete popularitate în Japonia acum 15 ani şi acum este bine-cunoscut. *Feng shui* este primul lucru care-i interesează pe mulţi oameni când e vorba de organizarea şi ordonarea casei lor. Nu sunt expertă în *feng shui,* dar am studiat noţiunile de bază ca parte a cercetării mele în domeniul instaurării ordinii. Să crezi că-ţi poate îmbunătăţi soarta depinde de tine, dar, încă din vremuri străvechi, oamenii din Japonia au aplicat principiile *feng shui* şi de orientare în viaţa lor de zi cu zi. Eu însămi aplic înţelepciunea strămoşilor noştri în practica dereticatului. De exemplu, când împăturesc şi aşez vertical hainele în sertar, le aranjez pe culori, astfel încât să formeze o gradaţie de la întunecat la luminos. Ordinea corectă este să pui hainele mai deschise la culoare în partea din faţă a sertarului şi să progresezi spre spatele dulapului aşezând, gradual, culorile mai închise. Nu ştiu dacă aceasta aduce noroc sau nu, dar când hainele sunt aranjate gradual pe culori, e un sentiment grozav să le priveşti când deschizi sertarul. Dintr-un motiv sau altul, să ai hainele mai deschise în faţă pare să aibă un efect calmant. Dacă îţi organizezi spaţiul de locuit astfel încât să fie confortabil şi să te simţi energizat şi fericit în fiecare zi, n-ai zice că ţi-ai îmbunătăţit soarta?

Conceptul pe care se bazează *feng shui* sunt forţele duale *yin* şi *yang* şi cele cinci elemente (metal, lemn, apă, foc şi pământ). Credinţa principală este că totul are energie proprie şi că fiecare lucru ar trebui tratat într-un fel potrivit caracteristicilor lui. Mie asta mi se pare perfect natural. Filosofia *feng shui* este viaţa în armonie cu regulile naturii. Scopul abordării mele în domeniul ordinii este exact acelaşi. Adevăratul scop al acestei activităţi este, cred, să trăieşti în cea mai naturală stare. Nu crezi că nu este normal să avem lucruri care nu ne aduc bucurie sau lucruri de care nu avem nevoie? Cred că să deţinem numai ceea ce ne place este cea mai naturală condiţie.

Punându-ne casa în ordine, putem trăi în starea noastră naturală. Alegem acele lucruri care ne produc bucurie şi apreciem ce e cu adevărat preţios în viaţa noastră. Nimic nu poate aduce o bucurie mai mare decât să poţi face ceva atât de simplu şi natural. Dacă asta înseamnă noroc, atunci sunt convinsă că a-ţi face ordine în casă este cel mai bun mod de a-l obţine.

Cum să identifici ce este cu adevărat preţios

După ce un client a selectat ce să păstreze şi ce să arunce, sunt momente când recuperez câteva obiecte din grămada de lucruri „de păstrat" și îi întreb din nou: „Acest tricou și puloverul de aici îți inspiră cu adevărat bucurie?"

Cu o privire surprinsă, clientul îmi spune: „Cum ai știut? Acelea sunt lucruri pe care nu m-am putut hotărî dacă să le păstrez sau să le arunc".

Nu sunt expertă în modă și nu recuperez aceste lucruri în funcție de cât de vechi arată. Pot afla după expresia clienților atunci când aleg — felul în care iau obiectul în mână, strălucirea din ochii lor când îl ating, viteza cu care decid. Reacția lor este clar diferită la obiectele care le plac și la obiectele de care nu sunt siguri. Când se confruntă cu ceva care le aduce bucurie, decizia lor este instantanee, atingerea lor este ușoară, iar ochii le strălucesc. Când se află în fața unui lucru care nu le aduce bucurie, mâinile li se opresc, își înclină capetele și se încruntă. După ce se gândesc câteva momente, s-ar putea să arunce obiectul în grămada „de păstrat". În acel moment se poate citi o încordare pe fruntea și în jurul buzelor lor. Bucuria se manifestă în corp, iar eu nu las să-mi scape aceste semne.

Ca să fiu sinceră, pot spune totuși exact ce obiecte nu le aduc bucurie în suflet clienților și fără să-i privesc în timpul procesului de selecție.

Înainte de a le vizita casele, le predau o lecție particulară cu tema „Metoda KonMari de a face ordine". Această singură lecție are un impact semnificativ asupra lor și, adesea, când le fac prima vizită, ei au început deja să facă ordine.

Una dintre cele mai apreciate cursante de-ale mele, o femeie în jur de 30 de ani, a aruncat 50 de saci până să ajung la locuința ei. A deschis mândră sertarele și dulapul și a spus: „Nu mai e nimic de aruncat de aici!" Camera ei arăta, în mod sigur, diferit de fotografiile pe care mi le arătase. Puloverul care fusese aruncat neglijent peste măsuța de toaletă era acum depozitat cu grijă, iar rochiile care fuseseră aglomerate până la refuz pe bara de suport fuseseră rărite, așa încât acum exista puțin spațiu între ele. Chiar și așa, am scos o jachetă maro și o bluză bej. Nu arătau cu nimic diferit de restul hainelor pe care decisese să le păstreze. Amândouă erau în stare bună și se vedea că fuseseră purtate.

„Acestea îți inspiră realmente bucurie?"

Expresia de pe fața ei s-a schimbat instantaneu. „Jacheta aceea, știi, îmi place croiala, dar aș fi dorit mult una neagră. Nu aveau neagră măsura mea... Fiindcă nu aveam o jachetă maro, m-am gândit s-o cumpăr oricum, dar până la urmă nu părea să mi se potrivească nicicum și am purtat-o numai de câteva ori."

„Cât despre bluză, mi-au plăcut mult modelul și materialul, așa că am cumpărat, de fapt, două. Am purtat una până când n-a mai putut fi purtată, apoi, nu știu din ce motiv, n-am mai pus-o."

Nu văzusem niciodată cum tratase aceste obiecte, nici nu știam ceva despre circumstanțele achiziționării lor. Tot ce am făcut a fost să observ cu atenție hainele agățate în dulapul ei. Când examinezi obiectele îndeaproape, poți începe să discerni dacă ele îi aduc sau nu bucurie proprietarului lor. Când o femeie este îndrăgostită, schimbarea din ea este evidentă pentru toți cei din jur. Dragostea pe care o primește de la bărbatul ei, încrederea pe care i-o dă iubirea și dorința ei de a face efortul să arate frumoasă pentru el, toate îi dau energie. Pielea îi strălucește, ochii îi sunt luminoși și ea devine și mai frumoasă. La fel, lucrurile care sunt prețuite și tratate cu grijă de proprietarul lor sunt vibrante și radiază dorința de a-i fi și mai mult de folos acestuia. Lucrurile care sunt apreciate strălucesc. Tocmai de aceea pot spune, dintr-o privire, dacă ceva trezește cu adevărat bucurie. Emoția genuină de bucurie rezidă în corpul și în lucrurile proprietarului, așa că nu poate fi ascunsă.

Să fii înconjurat de lucruri care produc bucurie te face fericit

Toată lumea are obiecte la care ține, de care nu concepe să se despartă, chiar dacă alții clatină sceptic din cap când le privesc. Văd în fiecare zi lucruri pe care alții le consideră prețioase, astfel încât ai fi uimit să știi ce obiecte ciudate și de neînțeles le cuceresc sufletele oamenilor — un set de 10 păpuși pentru degete, fiecare cu câte un singur ochi și fiecare ochi diferit de ceilalți, un ceas deșteptător stricat în forma unui personaj de desene animate, o colecție de obiecte de lemn plutitor care arată mai degrabă ca o grămadă de bucăți de lemn. Dar răspunsul imediat la întrebarea mea ezitantă „Asta îți... ăăă... aduce bucurie?" este un „Da!" apăsat. Nu le pot contrazice privirea încrezătoare și ochii strălucitori pentru că și eu am un astfel de obiect: tricoul meu cu Kiccoro.

Kiccoro (Copilul Pădurii) a fost una dintre cele două mascote oficiale de la Aichi Expo 2005 care a promovat dragostea pentru planetă, precum și tehnologia regenerantă și prietenoasă cu mediul. Mascota mai mare, Morizo, este poate mai cunoscută. Kiccoro era amicul lui Morizo, un personaj de forma unei mici rulade cu dulceață, de culoarea lămâii verzi, iar pe tricoul meu se vedea numai chipul lui Kiccoro. Îl port tot timpul prin casă. Este singurul obiect de care nu mă pot despărți, chiar dacă oamenii m-ar lua peste picior zicând: „Cum poți să păstrezi asta? Nu ești jenată? Nu e deloc feminin. Cum poți să porți asta? Ar trebui să-l arunci".

Dă-mi voie să clarific. Hainele pe care le port acasă sunt, în general, drăguțe. De obicei, prin casă, port haine de adolescentă cum ar fi furouri cu șiruri de volane roz și costume cu imprimeu floral. Excepție face tricoul meu cu Kiccoro. Este chiar un obiect straniu, verde aprins, doar cu ochii lui Kiccoro și gura lui cu buze pline, deschisă pe jumătate, iar eticheta arată clar că este mărime pentru copii. Cum expoziția s-a ținut în 2005, l-am purtat mai bine de opt ani, deși n-am amintiri sentimentale legate de evenimentul în sine. Numai când citesc ce am scris aici mă face să mă simt jenată că mă agăț de un astfel de obiect, cu toate acestea, ori de câte ori îl văd, nu mă pot decide să-l arunc. Inima începe să-mi bată mai repede imediat ce văd ochii drăguți și rotunzi ai lui Kiccoro.

Conținutul sertarelor mele este organizat astfel încât să văd dintr-o privire ce se află înăuntru. Acest tricou sare în ochi printre toate hainele mele grațioase și feminine, dar asta mi-l face și mai drag. E atât de vechi acum încât ai putea crede că s-a lărgit și pătat, dar nu e adevărat, așa că n-am un motiv de acest gen ca să-l arunc. Faptul că eticheta spune că a fost făcut în altă țară decât Japonia, deși expoziția a fost japoneză, ar fi putut să mi-l scoată din grații, dar, chiar și așa, tot nu pot să-l arunc.

Acestea sunt lucruri de care ar trebui să te agăți cu îndrăzneală. Dacă poți susține fără niciun dubiu „Chiar îmi place asta!", indiferent ce spun ceilalți, și dacă te placi pe tine pentru că-l ai, atunci ignoră ce zic alți oameni. Ca să-ți spun drept, n-aș vrea să mă vadă nimeni altcineva purtând tricoul meu cu Kiccoro. Dar îl păstrez pentru micile bucurii pe care mi le oferă, pentru chicotitul care mă apucă atunci când îl scot și-l privesc numai eu, pentru mulțumirea pe care o simt când Kiccoro și cu mine transpirăm împreună în timp ce facem curățenie și ne întrebăm ce să atacăm în continuare.

Nu mă pot gândi la nicio fericire mai mare decât să fiu înconjurată numai de obiectele la care țin. Dar tu? Tot ce ai de făcut este să scapi de tot ceea ce nu te emoționează în felul acesta. Nu există o cale mai simplă către mulțumire. Din ce alt motiv s-ar numi asta „magia ordinii"?

Viața adevărată începe după ce ți-ai pus în ordine casa

Deși am scris toată această carte despre cum să faci ordine, a face ordine nu este, de fapt, necesar. Nu vei muri dacă nu ai ordine în casă și există mulți oameni cărora nu le pasă câtuși de puțin dacă nu pot să-și pună lucrurile la locul lor. Astfel de oameni n-ar alege totuși niciodată această carte. Tu, pe de altă parte, ai fost condus de soartă s-o citești și asta înseamnă că, probabil, ai o dorință puternică de a-ți schimba situația prezentă, de a-ți regândi viața, de a-ți îmbunătăți stilul, de a obține fericire și de a străluci. Din acest motiv, îți garantez că vei fi capabil să-ți pui casa în ordine. În momentul în care ai luat această carte cu intenția de a deretica, ai făcut primul pas. Dacă ai citit până aici, știi ce trebuie să faci mai departe.

Oamenii pot să prețuiască realmente un număr limitat de obiecte în același timp. Fiind și leneșă, și uitucă, nu pot să am grijă cum se cuvine de prea multe lucruri. Tocmai de aceea vreau să prețuiesc cum trebuie obiectele care îmi plac și de aceea am insistat asupra ordinii atât de mult în viața mea. Cred însă că este cel mai bine să faci ordine repede și să termini cu asta. De ce? Pentru că nu acesta este scopul vieții.

Dacă crezi că trebuie să faci ordine în fiecare zi, dacă crezi că este ceva ce va trebui să faci tot restul vieții, e timpul să te trezești. Îți jur că ordinea poate fi făcută riguros și repede o singură dată. Unicele sarcini pe care va trebui să continui să le îndeplinești tot restul vieții vor fi să decizi ce păstrezi și ce arunci și să ai grijă de lucrurile pe care ai hotărât să le păstrezi. Poți să-ți pui casa în ordine acum odată pentru totdeauna. Singurii care trebuie să-și petreacă viața, an după an, gândindu-se la a face ordine sunt cei ca mine, care găsesc bucurie în asta și sunt pasionați să folosească ordinea pentru a transforma lumea aceasta într-un loc mai bun. În ceea ce te privește, dăruiește-ți timpul și pasiunea activității care îți aduce cea mai mare bucurie, misiunii vieții tale. Sunt sigură că punerea casei în ordine te va ajuta să descoperi misiunea care te inspiră sufletește. Viața începe cu adevărat după ce ți-ai pus casa în ordine.

Postfață

Recent, m-am trezit cu gâtul și umerii înțepeniți. N-am putut nici măcar să mă ridic din pat și a trebuit să chem o ambulanță. Deși cauza nu era clară, îmi petrecusem ziua anterioară în casa unui client, uitându-mă în dulapul de deasupra garderobei și mutând mobilă grea. Cum nu făcusem nimic altceva, concluzia a fost că dereticasem prea mult. Cred că sunt singura pacientă care a avut vreodată scris „a făcut ordine prea mult" în fișa medicală. Chiar și așa, stând în pat, în timp ce-mi recâștigam încet-încet mobilitatea gâtului, nouăzeci la sută din gândurile mele erau despre ordine. Această experiență m-a făcut să apreciez capacitatea de a umbla în dulapurile suspendate.

Am scris această carte pentru că am vrut să împărtășesc magia ordinii. Emoțiile adânci din sufletul meu când îndepărtez obiectele care și-au îndeplinit misiunea, emoții asemănătoare celor de la absolvire, fiorul pe care-l simt în fața „clicului" sorții, când un obiect își găsește locul destinat, și, cel mai bun dintre toate, aerul proaspăt și pur care umple o cameră după ce a fost pusă în ordine — acestea sunt lucrurile care transformă o zi obișnuită, fără vreun eveniment special, într-o zi mult mai luminoasă.

Aș vrea să folosesc această ocazie ca să le mulțumesc tuturor celor care m-au sprijinit în scrierea acestei cărți, când tot ce știu eu realmente e să fac ordine — domnului Takahashi de la Sunmark Publishing, familiei mele, tuturor lucrurilor mele, casei mele. Mă rog ca, prin magia ordinii, mai mulți oameni să poată simți bucuria și mulțumirea de a trăi înconjurați de lucrurile pe care le îndrăgesc.

Marie Kondo (KonMari)

Tipar: ARTPRINT
E-mail: office@artprint.ro
Tel.: 021 336 36 33